변방 읽기

우종율 에세이
변방 읽기

초판발행 | 2018년 3월 5일

지은이 | 우종율
펴낸이 | 류정호
펴낸곳 | 소소담담
등록 | 2015년 10월 7일(제2015-000021호)
주소 | 대구광역시 북구 호국로43길 7-19
전화 | 053-953-2112
이메일 | chaekish@hanmail.net

값 13,000원

ISBN 979-11-88323-11-1 (03810)
ⓒ우종율 2018

*출판사의 사전 동의 없는 무단 전재 및 복제를 금합니다.
*이 도서의 국립중앙도서관 출판예정도서목록(CIP)은 서지정보유통지원시스템 홈페이지(http://seoji.nl.go.kr)와 국가자료공동목록시스템(http://www.nl.go.kr/kolisnet)에서 이용하실 수 있습니다.(CIP제어번호: CIP2018006458)

변방 읽기

우종율 에세이

소소
담담

책/머/리/에

 부르튼 손등을 감출 수 없다. 차라리 밀가루라도 뿌려야 하나. 엄마 손을 위장한 늑대는 지문조차 감추었는데…. 두꺼운 목장갑 두 겹 껴도 손끝은 아리다. 컴퓨터 자판을 두드리려면 그나마 아껴야지. 손에 든 쇳덩이 공구를 감추고 싶은 나이라 말하지 않겠다. 나는 나니까!
 온종일 시적 영감을 불러올 사진 한 장을 머릿속에 장착하고 글쓰기가 쉬워, 밥벌이가 쉬워 질문해댄다. 그러다가 혀끝에 넣어 굴려본 오늘의 화두. 그라인더, 망치 소리에 파묻혀 한숨만 폭폭 쉬다 지나온 낮 동안의 실타래는 도무지 풀리지 않는다. 또 불면이다.
 시인이 된 용접공을 보고 위로 받은 얼토당토않은 나의 글쓰기는 언제쯤이면 제 민낯으로도 세상에 나갈 수 있을까. 이른 봄날 오후 그림자처럼 이리저리 휘돌리던 산문이었음을 자책하며 몰입의 부작용으로 하얗게 지새워버린 불면의 시간.
 어느 날 신호 대기 중 뒤통수에 덮친 불덩이처럼, 운전사가 끝내 그의 손가락을 굽히지 않은 안하무인처럼 내 글도 무례하고 설

익었지만, 세상 밖으로 내보내야겠다. 그래야만 내 가슴에 맺혔던 응어리가 얼마간 사라지고 숨구멍이 생길 것 같다. 그 구멍 속 깊이 문학의 도저함으로 내 미친 생을 밀어 넣을 작정이다.

문
―안과 밖의 질문

새우잠 자며 가위눌린다
빼앗긴 잠은 늘 문밖이다

24시간 교대 근무는 치명적인 선택
홀숫날, 난 문 안에 있다
녹아버린 시간은 통화권 이탈지역

로드킬 당한 고양이를 위로하는 검은 사제들
하나, 둘 모이더니 할딱거리는 자존심을 찢고 있다

까치들의 목구멍 안은 허공
문밖은 온통 의문투성이

재조립할 수 없는 고양이의 영역
아침을 기다리는 건 어둠만이 아니다

투명거울 되어 바라볼 수 있는 문밖의 풍경
경계에 선 나는 신제품 사용설명서 읽듯
늘 서툴다

아침이 오는 소리가 점점 다가온다
나는 지금 문 앞에 서 있다

한 가지 일에 10년을 몰입하면 전문가가 된다는 앤드슨 에릭스의 '10년 법칙', 내게도 가당키나 한 일인가. 용기를 낸다. 고백하자면 이 책은 변방에 서서 해가 뜨고 해가 지는 걸 바라보며 생을 살아가는 일의 소소한 기록이다. 모름지기 내 사는 곳이 변방이고, 삶에 쫓겨 늘 변방의 존재였던 내 마음의 소리였음이 미안했던 건지도 모른다. 언감생심 환갑 나이에 젊은이들과 힘겨루기한다고 말리는 가족들이지만, 그 마음을 알기에 그저 고맙다는 말을 속으로만 중얼거리는 것도 미안한 일 중의 하나다.

수록된 글 대부분은 대가야 신문 '촌감단상'에 기고했던 것이어서 어느 정도 공적 소명을 감당했으리라 믿는다. 발표만으로도 충분했다. 그런데 대가야 신문사 창간 10주년을 맞아 출판이란 선물을 받게 되었다. 박장호 대표님께 진심으로 감사드린다.

2018년 2월
고령군 다산면 나정리에서
―牛 우 종 율

/차/례/

■ 책머리에

1부 44호실 아이

금 •15

녀석과 놈 •18

옥상은 없다 •22

같이 갈래요, 갈대숲으로 •26

44호실 아이 •31

함정 •35

헐거워짐에 대하여 •41

잠 속의 잠 •46

세살 민지의 신발 신기 •50

2부 강변 풍경

참나무 그늘에서 ・57

몸춤 ・63

감자탕을 끓이며 ・67

어머니의 자리 ・71

말라 가는 것들 ・76

강변 풍경 ・80

12 ÷ 1 = 12 ・84

아이, 자라목이 되다 ・91

정전, 분홍신…, 몸살 ・96

3부 애기똥풀 꽃에게

녹차 라테 •103

선택받지 못한 것들 •106

호박 찬가 •109

겨울 꽃밭에 서서 •114

생일날을 인정하고 싶지 않은 세 가지 이유 •118

애기똥풀 꽃에게 •122

어두운 이야기 •126

입소문 •130

깊이가 없어요 •135

4부 황폐한 잠

공터 •141

낙타의 눈물 •145

열쇠 •150

황폐한 잠 •158

꽃을 위한 진혼곡 •162

'벚꽃 엔딩'과 '봄이 좋냐' •167

독사의 혀, 바늘 구멍 •171

콘서트 •175

또, 하루 •180

5부 낯선 곳에서

병甁 ·189

내일이면 늦으리 ·193

권태 ·197

초대 ·202

낯선 곳에서 ·210

청개구리 ·214

툭툭툭 쿵쿵쿵 ·218

UFC, 가물치 ·222

덫 ·226

작품평설 ‖ 송명희 / 한상렬 ·230

1부
44호실 아이

금

 금을 밟으면 죽는다. 너와 나가 구분되는 선상에서 서로 눈치를 보고 있다. 조금 전까지 형님, 아우 하던 이들이 경계선상에 서 있다. 오직 목적은 상대가 잘못되길 바라는 것뿐이다. 여태껏 우린 이렇게 살아왔다. 또한, 눈에 보이는 것들이 모두 그렇다. 남녀노소 가릴 것 없이 거기에 매달려 있다.
 동창회 체육대회가 있는 날이다. 오랜만에 만나 얼싸안고 악수를 나누며 반가워한다. 수년 만에 만난 동기생이 있는가 하면 수십 년 만에 만난 낯익은 선배도 다가온다. 변한 것은 오직 세월뿐, 예전 그 모습은 살아있다고 잡은 손에 힘을 준다.
 하지만 그도 잠시뿐, 모두 싸우기에 여념이 없다. 금을 그어놓고 선배건 후배건 그 속에 집어넣곤 밖에서 공을 던져 죽이기 게임을 하고 있다. 경기에 임하고 있을 때는 이미 선후배의 차이가 없다. 심지어 싸우기까지 한다. 잠깐의 행복은 사라지고 그동안 티끌처럼 가졌던 감정을 폭발한다.

금을 밟았다고 후배는 선배에게 윽박지른다. 선배는 이에 질세라 얼굴을 붉힌다. 운동장은 싸움터가 된다. 주최 측에서 달려들어 말리지만 막무가내다. 심지어 패싸움까지 할 조짐이다. 술까지 한잔한 터라 혈기왕성한 사내들은 엉겨붙어 있다. 이건 아니라며 방송에서 계속 울려 나오고 여자 동기들이 맨발로 뛰어나와 울기 시작한다.

우리의 정서가 언제부터 이렇게 되었을까. 편가르기와 금을 밟으면 죽는다는 논리가 언제부터 시작되었는가. 김치 한 보시기라도 담 너머 죽 뻗은 손에 전해지던 그 정들은 어디로 가고 두더지 게임이라도 하듯 선후배가 엉겨 기껏 금 한 번 밟았다고 피 터지는 싸움을 하고 있단 말인가.

행사가 중단된다. 금 밟은 일 하나 때문에 하루가 얼룩져 버린다. 마무리되지 않은 체육대회, 깨어진 하루. 한참 열을 올리고 나자 서로가 부끄러워진다. 너 나 할 것 없이 뒷머리를 긁적거린다. 우리가 누구인가. 보릿고개 힘들었던 그 유년을 배곯아가며 횟배 앓던 시대의 대명사가 아니던가. 그로부터 불과 얼마가 지났다고 이렇게 왈가왈부하고 있단 말인가. 서글프고 한심하다. 그보다 더 서러워해야 할 일이 부지기수인데, 한갓 금 하나 밟았다고 열을 내느냐.

 사는 게 힘들고 제아무리 팍팍하다손 치더라도 여기다 목숨 걸 듯 해소하려면 되는가. 그대들이 짊어진 숙제가 산처럼 쌓여 있는데 여기서 머물러 있어야 한단 말인가. 우린 지금 안과 밖으로 전쟁 중이다.

 사랑과 화합으로 두 손을 잡고 뜨거운 포옹으로 하나가 되어라. 금 밟기 하나가 숨겨둔 우리의 정서를 되찾는 계기가 되어라.

녀석과 놈

　녀석은 시도 때도 없이 찾아온다. 가령 가게문을 여는 아침이나 바쁜 점심시간에나 손님이 붐비는 저녁에도 찾아와서 칭얼댄다. 그 모습은 가히 무언가를 맡겨놓고 달라는 투로 입을 뾰로통하게 오므리고 울어댄다. 그럴 때면 먹다 남긴 돈가스 몇 점이나 자투리 햄 조각 등을 던져준다. 거기서 말면 괜찮겠지만 마파람에 게 눈 감추듯 먹어치우고는 이내 또 치근댄다. 심지어 귀엽다고 어린 아이들이 손이라도 잡을라치면 그 날카로운 손톱으로 할퀴곤 한다. 무리의 존재감을 박탈하고 일시에 종전 이미지를 부정한다. 그를 두고 개념이 없다고 말하면 좋으리라.
　며칠 동안 외면했다. 녀석의 눈에 나와 아이는 어떻게 보였을까. 단순하게 동정이나 놀잇거리로 생각했을 것이고, 녀석은 그런 상대를 정면으로 도전하며 자기는 민생고에 직면해 있으니 사치스런 행위는 하지 말라는 경고였을까.

규제를 곧 풀 수밖에 없었다. 애처로운 녀석의 절규는 더 보고 듣고만 있을 수 없었다. 그래서 터득한 한 가지 방법, 녀석을 길들이는 것이었다. 즉, 끼니때가 되어서 오면 준비해 둔 것을 주지만 그 외의 시간에는 일체의 먹을거리를 제공하지 않는 것이다. 혹 아이들이 녀석에게 먹이를 던져주는 것도 못 하게 하였다. 귀엽고 애처로울수록 지킬 건 지켜야 할 일이었다.

그즈음 가게에 불청객 한 놈이 나타났다. 어디서 왔을까. 하수구를 타고, 아니면 외부로 통하는 비밀통로…. 돌아가며 점검해 보았지만 찾을 수 없었다. 음식점에 쥐 한 마리가 출현하는 것이 어찌 보면 대단한 일이 아닐지는 모르지만, 그놈이 미치는 정신적 충격은 가히 치명적이었다. 조그마한 틈새라도 있으면 원천봉쇄하였고 곳곳에 덫을 놓았다. 이를 눈치라도 챘는지 놈은 낮엔 꼬리를 감추고 기미를 보이지 않았다.

미세한 소리 때문에 촉각이 곤두서곤 했다. 조용한 시간에 놈이 슬쩍 지나가는 모습을 보았다. 덫을 피해 가는 모습이 '흥, 그깟 걸로 날 잡으려고 어림도 없지…'라며 어린아이들이 깨금발 짚고 가듯 피해 지나갔다. 가히 놈 중에 어른 격인 크기였다. 녀석에게 주려고 남긴 햄과 어묵 조각을 덫에 올려놓고 다시 함정을 만들었다. 이렇게 같은 먹을거리인데도 사용하는 용도가 다를 줄이야.

요물이었다. 이번엔 놈의 행동거지가 덫을 피해 육상 허들 선수처럼, 캥거루가 뛰는 형상으로 지나갔다. '요놈, 이제부터 너와는 전쟁이다.' 대청소를 하며 구석구석 통로와 은신처를 찾았지만 통 알 수가 없었다. 희한하게 그럴 때는 어디에 찰거머리처럼 붙었는지 꼼짝하지 않다가 조용하거나 어스름이 되면 또 바스락거리는 것이었다. 분명 문을 닫은 야간에는 식당 안이 놈의 운동장이 될 것이라고 생각하니 한시라도 빨리 놈을 잡지 않을 수 없었다.

녀석이 다시 찾아왔다. 귀찮았다. 놈이나 녀석이나 한통속이란 생각이 들었다. 울건 말건 외면했다. 녀석에게 아무리 잘해 줘도 경제 논리로 아무런 덕이 없고 단지 도덕적 개념으로 다가갔을 뿐인데 한갓 미물 둘 사이에서 더는 자기 정체성을 운운하고 싶은 생각이 사라졌다. 흡사 밑 빠진 독에 물 붓기나 마찬가지 아닐까.

"그 고양이 무척 개념 없는 녀석이라고요."

"밥만 축내고 무엇 하나 덕 될 게 없는 녀석에게 무얼 그리 애지중지 섬기고 있어요."

이웃 사람들의 입방아는 계속되었다.

이번엔 눈빛이 달랐다. 울다 태무심하면 곧 돌아가곤 했는데 가지 않고 계속 채근하듯, 소리 또한 배고픈 투정의 소리가 아니게 들렸다. 이상하다 싶어 내달아 보니 예의 차 밑에 있는 것이 아니라 식당 출입구 구석 자리에서 한 곳을 응시하고 있는 게 아닌가. 그곳은 자주 눈이 가지 않는 철제받침대 아래 으쓱한 곳이었다.

'오, 이런!'

거기엔 쥐 한 마리가 드나들 수 있는 구멍이 하나가 천공되어 있었다. 처음 가게 공사를 하며 막으려다 잊고 그대로 둔 구멍, 그것이 이렇게 크게 다가올 줄이야. 그곳으로 놈이 들락날락거렸던 것이다. 녀석은 음식을 취한 대가로 저곳을 들락날락하는 놈을 지켜보며 보은을 했구나.

'녀석과 놈!' 두 단어 사이에 묘한 갈등이 생긴다. 며칠 사이 그들은 울다 웃는다. 시장과 교육감, 이겼다고 그렇게 자신 있던 양반이 금전의 올가미에 씌어 있다. 아이들 먹는 것에까지 이렇게 정치적 포퓰리즘이 뻗쳐져 있을 줄이야. 백성들은 이들의 행동을 밀실에서 주고받기식 약속으로밖에 보지 않는다. '꼼수'라는 말로밖에 들리고 보이지 않는다. 누가 검은 개인지 흰 개인지 당최 구분할 수가 없다. 다가오는 선거 앞에 얼마나 더 백성을 우롱할 것인가. 그들의 횡포 앞에 오늘도 첫차를 타고 도서관으로 향하는 청년들은 꾸벅거리며 졸 것이고, 하루 벌이 노동자들은 새벽 시장에 나가 일거리가 없어 쓰린 속을 달래며 해장 한 잔 걸치고 귀가하며 저 푸르디푸른 가을 하늘에 감자 한 방 날릴 것이다. 긍정과 부정의 틈바구니에서 누구를 미화하고 누구를 비하할 것인지 저어하며 살아가는 이들도 참 많을 것이다.

이튿날 놈은 덫에 걸려 버둥거렸다. 녀석의 간식은 계속 이어졌다.

옥상은 없다

"오늘 엘리베이터 정비하오니 계단을 이용해주시기 바랍니다."
"헉, 우리 집은 17층인데…."
"고층에 사시는 분은 옆 라인 옥상을 이용하시기 바랍니다."
"…"

아파트로 이사 온 지 8년 동안 옥상엘 한 번도 올라가 보지 못했다. 우리 건물에 옥상이 있긴 있었던가. 흔히 고층 아파트인 경우, 아래층은 남들에게 노출되기 쉬워 인기가 적고 꼭대기 층은 웃풍과 태양을 직접 받아 덥다는 이유로 선호하지 않는다. 그래서 로열층이라고 선택한 곳이었는데, 오늘은 어중간한 층이 되어버렸다.

이사 올 때부터 아파트를 별로 탐탁지 않게 생각했다. 수십 년 동안 일반주택에 살다 보니 아파트에 들면 답답해서 어쩌나 하는 걱정이 앞섰다. 그랬지만 아이들과 아내는 편리하다는 이유로 환호성을 질렀다. 내겐 무엇보다 옥상을 이용할 수 없다는 것이 그 이유 중 하나이기도 했다.

예전 살던 곳의 옥상은 앞산 자락이 훤히 바라다보이는 이층 양옥집이었다. 금방이라도 병풍 바위가 손에 잡힐 것 같았다. 날마다 그곳에 올라 양 손가락을 펴 사각을 지으며 구도를 잡곤 했다. 거기엔 사계가 있었다. 봄이면 벌과 나비가 온갖 꽃을 탐하며 날아다니면 우리 집은 커다란 꽃이 되어 싱그러운 냄새가 온 집에 번진다. 여름이면 진한 초록 물이 뚝뚝 옥상으로 폭포수가 되어 떨어졌다. 가을이면 형형색색 꽃단장한 이파리들이 바람에 날려 옥상에 무시로 날아와 앉았고, 겨울이면 흰 장갑 낀 얼어붙은 빙벽이 어서 오라고 손짓을 하면 들락날락하며 자연과 대화를 나눈다. 간혹 옥상에서 가족과 만찬을 나누기도 하고 귀한 손님 접대하기엔 안성맞춤이어서 집에 하나 더 딸린 거실이었다.

수년이 지난 후, 다시 그곳을 찾았을 땐 완전무장하고 전투태세를 갖춘 군인들이 늘어서 있듯 온통 회색 건물군으로 바뀌어 있었다. 앞산은커녕 뒷산도 고층건물로 가려 보이지 않았다. '쾌적한 환경인 앞산 청정 아파트에 오신 입주민 여러분 환영합니다.'라는 현수막이 거부의 몸짓인 양 바람에 심하게 흔들리고 있었다.

옆 라인 옥상은 역시 잠겨 있었다. 필요할 때만 잠시 연다고 했다. 오늘 개방되는 시간은 서너 시간 정도였다. 관리사무소 직원은 이곳이 청소년들의 범죄 장소라고 했다. 거기다 인생을 비관한 이들도 오른다고 했다. 얼마 전에도 이웃 아파트에서 우울증에 걸린 중년 부인이 유명을 달리했다며 옥상 열쇠를 흡사 하늘 문 출입 통과증이라도 되듯 애지중지하고 있었다.

내가 기대했던 곳, 늘 꿈꾸던 곳은 아니었다. 거기에는 그 누구도 와서 고추도 무말랭이도 꾸덕꾸덕 말리지 않았다. 땟국이 지르르 흐르는, 스쳐 간 흔적이 있긴 한데 빈 곳, 흡사 지구인이 찍어 온 화성 사진의 표면 같았다. 아무것도 없는데 생존했다고 의미부여를 하는, 접근성은 분명 있었지만 황무지가 되어버린 곳이었다. 황망한 바람 한 점이 휘 불며 검불 몇 가닥을 구석으로 몰고 있었다. 역시 옥상은 없었다.

예전에 살던 그런 옥상 같은 곳을 다시 만들고 싶다. 사방으로 둘러싸인 콘크리트 벽을 헤매며 늘 꿈을 꾼다. 언젠가는 그런 곳으로 돌아가리라고 여러 군데를 찾아보곤 한다. 혁신, 또 혁신을 소리치며 세상을 바꾸다 고인이 된 IT 혁명가, 어려운 환경 속에서도 자신보다 더 힘들어하는 이웃을 보듬었던 철가방 기부천사의 옥상은 어디까지였을까.

며칠 전 아파트 입구 쪽이 부산하여 다가가 보았다. 아, 거기엔 아침 운동을 같이 다니곤 했던 이웃 아저씨가 영정 사진 속에서 희미하게 웃고 있었다. 초췌한 모습의 아내와 자녀 친지가 모여 노제를 지내고 있었다. 월남전 고엽제 피해자로 장성한 아이들을 도시에 두고 부부가 변두리로 와서 요양하며 살아가던 그가 얼마 동안 보이지 않았는데, 결국 역사 속으로 돌아갔다. 텅 빈 그의 집을 볼 때마다 내내 가슴을 쓸어내리리라.

문득문득 내가 바라는 최종 목표는 어디까지인가를 종종 생각해 본다. 조금이라도 더 높이, 더 좋은 집에서 살려고 모두 대낮인데도 눈에 불을 켜고 다닌다. 어떤 이들은 웃음을 흘리고 다니지만 그렇지 못한 사람은 늘 옥상을 바라보며 한숨을 짓기도 한다. 그것이 인간의 끝없는 욕망이긴 하지만, 그럴수록 가슴속이 휑하니 비어 가는 것은 왜일까.

오늘도 수십, 아니 수백 일 이상을 만난 꿈속 옥상. 텔레비전 광고처럼 반복되는, 청사진 속에서 의미 하나 찾으려 '아, 옛날이여'를 되뇌고 있다.

옥상은 없다

옥상은

옥상

옥

.

.

.

옥상은 있다 .

1부 44호실 아이

같이 갈래요, 갈대숲으로

문득 한 척의 쪽배에 몸을 싣고 망망대해를 표류하고 있다고 생각해 본 적이 없나요. 주위의 무수한 눈초리 때문에 어쩔 수 없이 짓눌려 마른 풀잎이 되어, 지나가는 바람에도 놀라 서걱댄 적은 없나요. 여기는 내 영혼을 맡길 곳이 아니라며 일상에서 일탈을 꿈꿔본 적은 없나요. 내가 그곳을 탈출했을 때는 이미 선수 부분이 부서지고 엔진에도 "끼룩끼룩" 갈매기 소리가 나서 난파 직전이었어요.

라디오에서 좋아하는 MC의 목소리가 나오고 있네요. 오늘은 운이 좋은가 봐요. 오프닝 멘트에 신경림 시인의 '갈대'를 낭송하고 있어요. 잡다한 이야기 대신 시 한 편을 낭송하며 그녀는 내 곁으로 늘 다가오곤 하죠.

그 소리를 들으며 한 젊은 작가의 '청춘의 문장들'을 펼쳐 들어요. 아직은 응달인 내 사무실, 곧 제 기능을 발휘할 수 없을 난로의 마지막 기름을 태우고 있어요. 등을 벽에 기대고 매운 스낵 과자를 먹어요. 입속에서 맵다고 느낄 때 내 손은 이미 과자봉지 속을 헤집어요. 아직은 내 마음에 살아 있는 청춘의 피를 삭힐 수 없어 삼월의 파닥거리는 문장을 낚시질하고 있어요.

'하루를 택해 나는 책상에 앉아 내 삶에는 어떤 죽음들이 숨어있는지 하나하나 적어봤다.' 이런 여유를 가지기 위해 수십 년 동안 기회를 엿보았답니다. 혼자만의 여유, 간섭 없는 일상, 더는 시간을 남에게 빼앗기고 싶지 않았답니다. 하지만 하나의 걱정이 사라지고 나면 꼬리를 물고 다른 일이 일어나는 것을⋯. 얼마 전 고요를 깨는 일 하나가 일어났어요.

옛 동료 한 명이 어떻게 알았는지 찾아왔어요. 그동안 나의 거주지를 최소한의 연락처 외엔 감추고 있었답니다. 그녀가 꽃을 안고 들어오며 향기가 좋다고 맡아보라고 했어요. 그동안 얼굴이 좋아졌다고도 하고 어떻게 인연을 끊고 살 수 있느냐며 과거 속으로 데려가려고 유혹했어요.

끊고 산다는 것, 그것은 결국 외로워지려 자처하는 것이 아닐까요. 책을 읽고, 음악을 듣고, 글을 쓰고, 혼자 웃고, 미친 듯 안개 낀 고속도로를 질주하고, 그러다 중부고속도로 어느 휴게소에서

"날 찾지 마, 내 이름을 너의 뇌리에서 지워 줘."라고 절규하며 떠난 친구를 생각하고, 꽃밭 위에 서서 발밑에 숨어 있는 촉들을 생각하는 것이, 어느새 나의 생활이 되어버렸다고 하였더니 그녀는 돌아가며 눈을 흘겼어요.

그 소리가 그녀에겐 헐렁하게 들렸는지 얼마 후 더 많은 이들이 몰려왔어요. 갑자기 넓어진 내 공간에는 여러 가지 꽃이 만발했어요. 그 꽃이 흡사 화려했던 기억을 다시 찾게 해주려는 듯 여러 가지 질문을 퍼부었어요. 과거는 필요 없고 내겐 단지 현재만 존재할 뿐이라고 말했어요. 내게 남은 건 잃어버린 작은 나사못 때문에 다리마저 흔들거리는 뿔테 돋보기 안경 하나밖에 없다고 소리쳤어요. 그러자 한 명이 울기 시작했어요.

"당신은 철저한 이기주의자, 혼자서만 극복하려면 더욱 외로워져요."

"그런다고 연극에 다시 동참하고 싶지 않아."

"당신을 여기에 둔 건 우리에게도 책임이 있다고요. 같이 가요."

"싫어, 더 코드가 맞지 않은 곳으로 돌아가고 싶지 않아."

그들이 또다시 썰물 빠지듯 밀려 나가고 난 어둑한 들길을 내달았어요. 늘 가던 갈대숲에 다다르니 칼 같은 바람이 옥죄어 왔어요. 날카로운 잎사귀에 손등을 베었어요. 꽃샘추위, 그 바람만 지나면 또 한고비를 넘기는 것이잖아요. 이제껏 잘 참아왔는데 또 불을 지피고 갔네요.

그곳에서 취해 새벽이 올 때까지 나뭇등걸처럼 버려져 있던 기억이 엄습했어요. 무엇을 위해 그렇게 투쟁했던가. 온몸은 만신창이가 되고 헤어날 수조차 없었던 기억이 또 가슴을 후려칩니다. 정신이 혼미해지면서 이렇게 끝이 나는구나 생각했죠. 그러던 어느 날 지인의 비보 앞에 더는 슬퍼할 수만 없었어요. 그가 내가 아니듯 시간이 지나면 또 잊힐 게 뻔하잖아요. 갈대밭에 불어오는 시린 바람처럼 그렇게 가 버리면 그만이잖아요. 그 후로 내게 놓인 화두는 회색의 도시를 탈출하는 것이었어요.

> 갈대는 저를 흔드는 것이
> 제 조용한 울음인 것을
> 까맣게 몰랐다.
> 산다는 것은
> 속으로 이렇게 조용히 울고 있는 것이란 것을
> 그는 몰랐다.
> ─신경림의 〈갈대〉에서

갈대는 날카롭게 혹은 부드럽게 이 한파를 잘 견뎠어요. 나는 어느 부류에 속할까요. 날카로움, 부드러움, 약함. 가늠할 수 없는 결정에 아직도 흔들리고 있어요. 그들이 다시 찾아오기 전에 거처를 옮겨야겠어요. 갈대숲 더 깊은 곳으로 꼭꼭 숨어야겠어요. 울타리에 다시 갇히는 건 정말 싫어요.

  MC의 목소리가 자꾸 바람에 날리고 있습니다. 청춘의 문장들도 막 흩어집니다. '목이 메고 마음이 애잔해지는 것은 모두 늦여름 골목길에 떨어진 매미의 죽은 몸처럼 자연스럽게 생긴 여분의 것에 불과한데, 지난 몇 년간 나는 거기에 너무 마음을 쏟았다.'

  내 몸에 박힌 모든 점이 하나씩 사라져 는 느낌입니다. 점이 없어진다는 것은 영혼이 나가버리는 것이라고 했어요. 모두 빠져나가고 백색 인간이 되어 다시 시작할래요. 마지막 고통을 참고 있을 갈대, 그도 부드러운 촉을 다시 밀어내기 위해 마지막 울음을 토해내고 있을 거예요. 갈대숲으로 둘러싸인 '바람 흔적 미술관'을 찾아가고 싶어요. 그곳에 가면 베인 흔적을 치유할 수 있을 거예요.

  같이 갈래요, 갈대숲으로.

44호실 아이

"아이도 있어요!"

유리 진열장 속엔 어른의 배 위에 열 살쯤 된 아이의 모형도 표정 없이 누워 있다. 관람 온 아이 하나가 창백해지며 엄마 품에 안긴다. 고분의 중심부까지 볼 수 있도록 길이 만들어져 있는데 아이는 손으로 두 눈을 가린다.

"야, 재미있다!"

단체 관람을 왔는지 메모지를 손에 든 한 무리의 아이들이 출구를 향해 빠져나가고 있다. 왕이 안치된 주석실과 그 양 옆으로 부석실, 둘레에 작은 석곽이 둘러싸여 있는 곳에 잠시 눈이 머무는가 하더니 이내 지나쳐 버린다. 대가야 시대의 순장 묘 44호 고분 안의 풍경이다.

요즘 아이들은 죽음에 대해 둔감하다. 눈만 뜨면 상대를 죽이고 해코지를 하는 게임에 중독되어서인가. 지구촌 곳곳에서 일어나는 테러와 폭발사고, 그밖에도 아이들을 볼모로 잡고 있는 일이 얼마나 많은가.

몇 해 전 전국을 순회하는 병마용의 위용을 관람할 기회가 있었다. 수백 명의 군사와 말 수백 필, 거기다 전차까지 있었다. 열병하듯 한 줄로 늘어서서 곧 출동 명령을 기다리는 자세로 서 있었다. 실제로 진시황릉엔 1호 갱에서 6,000여 구가 넘는 실물 크기의 병사와 병마용이 발견되었다. 이들의 모양이 같은 것은 하나도 없었으니 실물을 모델로 했으리라는 추측이 나돌았다. 더군다나 30여 년 동안 70만 명이 갱에서 일했다고 하니, 벌어진 입을 다물 수가 없었다. 오죽했으면 세계의 8대 불가사의 중 하나였을까. 하지만 그것들은 모두 모형이었다.

절대 왕정 시대에 왕권은 하늘을 찌르듯 높아 개인의 인권 정도는 헌신짝처럼 무시했다. 요즈음에는 상상도 할 수 없는 일이다. 과거사처럼 인간성을 무시하고, 지도자 개인의 권위만 내세운다면 얼마 못 가 축출되고 만다. 절대 권력을 과시하는 사회주의조차도 인권을 무시하는 행위는 이제 용납되지 않는다. 그런데 아직도 우리 옆엔 폐쇄된 국가가 있으니 안타까울 따름이다.

대가야 왕릉의 순장은 절대적 왕권에 의해 신하나 그 측근의 가족을 같이 매장했다. 이는 내세에도 영혼의 삶이 지속한다는 계

세사상繼世思想에서 행해졌다고 한다. 실제로 발굴 조사를 통해서 순장 묘임이 확인된 것은 지산동 44호분이 최초였다. 지산동 고분군에서는 32기 가운데 18기에서 22명의 순장자가 발견되었다. 그것을 보고 있으니 국보 제29호 에밀레 종소리에서 나온다는 울음소리, 종을 만들 때 어느 가난한 보살이 아이를 시주해서 그 종을 칠 때마다, '에미 탓이다, 에미 탓이다'라는 그 소리가 들리는 듯했다. 그러면 부모와 같이 순장된 저 아이는 누구 탓이란 말인가.

고분 하나가 숫제 야산만 하다. 내재하는 역사의 한은 얼마나 클 것인가. 겉모습에만 감탄한 나의 치기, 멀리서 바라본 주산의 모습, 작은 도시를 대표라도 하듯 울근불근 솟아오른 그 상징물들이 가슴속으로 들어왔을 때 벅찬 감정보다는 감추었던 속내를 이내 들킨 양 부끄럽기까지 하다. 예전 남명 조식 선생이 고령에 들어 산처럼 크게 놓인 고분을 보고 '저게 뭐꼬?'라고 할 정도로 고분이 산을 이룬 대가야의 고도 고령, 거기에서 느끼는 순장 풍습을 통해 한 번 더 절대 왕정에 대해 느껴 볼 일이다.

왕권의 신장과 사후 세계의 인식, 능의 규모는 뒤로하고 내내 생매장된 이들에 대한 생각뿐이다. 푸르스름한 녹이 낀 왕조의 이름과 그 규모가 대체 무엇이란 말인가. 절대자의 권력 앞에 유린당한 생명이다. 《삼국사기》에도 순장을 금지하였다고 한다. 그 찬란했던 진시황의 무덤에도 생매장 대신 똑같은 모형을 만들어

묻지 않았는가. 고대에도 '예가 아니다'며 인권의 중요성을 직시했다고 한다.

하루에도 수백 명씩 문화재를 탐방하러 온다. '수박 겉핥기 식'으로 지나가면 그만일지는 모르지만, 엄마의 품안에서 공포에 떨고 있는 아이가 "왜 옛날에는 어른들과 함께 무덤에 가야 해?"라고 묻는다면 어쩔 것인가. 아빠의 배 위에 누워 있는 아이의 모형 정도는 설명의 글 몇 줄로 감추어도 되지 않을까. 기성세대의 이권 다툼에 방패막이가 되어 여기저기 쓰러지고 흩어진 아이의 신발들…. 그들의 최종 목표는 과연 무엇이란 말인가.

고분 사이에 멀뚱거리는 입상立像 하나가 있다. 나는 누구인가. 어디에서 와서 어디로 돌아가는가. 어느 왕조의 후손으로 내려와 이렇게 서글픈가. 덧없음을 탓하기라도 하듯 44호 고분 사이로 여우비 한 줄기 쏟아지고 있다.

함정

"일을 빨리 배워서 강 기사는 청송에서 차리고 박 과장은 안동에서 개업하고 윤 차장은 성주에서 가게를 내야지…."

"네, 네."

늘 듣는 이야기였지만 이유 달 수가 없었다.

문제는 빨리 봉투를 받는 일이었다. 설날 연휴를 맞아 며칠 전부터 끊어진 일을 억지로 연장하며 시간을 채우다 내일로 다가오자 지방이 고향인 종업원 여섯 명은 사장의 일장 연설보다는 떡값으로 내밀 봉투 속 금액이 문제였다.

K는 이도 저도 모르게 들어왔다가 몇 달 먼저 들어온 이들이 난로 옆에 둘러앉아 커피를 마실 때 이야기하면서 들은 내용이 진실로 들리지 않았다. 그래, 이번 떡값 액수가 과연 젊은 사장의 말과

행동이 일치하는지를 가늠할 기회로 생각했다.

 말이 난로지 그 넓은 공장에 달랑 들고 다닐 휴대용 두 개가 고작이었다. 어린 시절 옹기종기 화로에 둘러앉은 모양이었다. 그래서 늘 마스크를 착용하고 목 티셔츠를 코까지 막고 작업을 했지만 추위는 여전했다. 그런 k를 싫어한 건 가끔 외부인이 들락날락거리며 바라보는 시선 때문에 눈으로 지시를 내렸지만, 사람이 없을 때는 어쩔 수 없었다. 작업에 따른 석면가루 때문이기도 했다.

 어디 그 뿐인가. 수년 만에 찾아온 겨울 추위 때문에 수도관이 얼어버린 것은 물론이고 화장실까지 사용할 수 없어지자 불편함이 이만저만이 아니었다. 곧 뚫어주겠지 하기를 열흘이 지났지만 이젠 더 감당할 수 없을 정도로 얼어버렸다. 그 흔한 설비 가게의 '뻥 뚫어!' 한 번으로 할 일이 이젠 전기로도 어쩔 수 없는 상황이 되어버렸다. 멀리서 기술 배우러 온 강 기사는 몇 날 며칠 세면을 못 해 피부가 허물 벗는 뱀 형상이었다.

 궁여지책으로 가까이 사용하지 않는 건물의 재래식 화장실로 향하는 이들의 뒷모습은 패잔병의 꼴과 다름없었다. 한 집의 살림살이를 보려면 그 집의 화장실을 먼저 보라고 했다. 내세울 것이 없어 보였다. 눈에 거슬리는 것이 하나 보이면 장점보다는 단점이 먼저 보인다고 하듯 꼬리를 물고 이어지는 일들 앞에 종업원은 그저 구시렁거릴 뿐 누구 하나 앞서 말하는 이가 없었.

 더군다나 새해를 맞아 근로자들의 복지에도 변화가 생겼다. 근로자 단 한 명이 있어도 퇴직금이 지급되어야 한다는 방침에 따라 4대 보험 가입이 필수화되었다. 그런데 처음 입사할 때 제출한 서류를 바탕으로 다음 달부터 적용해야 할 변경된 보험료 청구가 돼 있지 않았다. 사장 말로는 일을 하다가 얼마 하지 않으면 사용자가 손해가 아니냐는 비논리적 조건을 제시한 바가 있긴 하였지만, 그건 단지 자기만을 위한 방패막일 뿐이었다.

 이유가 있었다. 먼저 들어 온 두 명의 선배들에게 물어본 결과, 자기들은 영세민 혜택을 받고 있어 일부러 원치 않고 있다고 했다. 그렇다면 다른 이들에겐 적용해야 하는 게 마땅하지 않은가. 이런 방법을 단지 주먹구구식으로 종업원을 관리하다 보니 이직률이 높은가 보다 생각했다. 더군다나 봉급이 제날짜에 나오는 것은 극히 드문 일이었다. 어리광을 부리듯 사정하면 날짜가 한참 지나 송금하곤 한다고 하니 무엇을 믿고 일한단 말인가. 종업원은 한 달 동안 열심히 일해 봉급 봉투 기다리는 맛에 일하는 것은 불문가지인 것을.

 그러다 결국 일이 또 하나 터졌다. 입사한 지 채 두 달밖에 안 된 이가 일을 하다 넘어져 옆구리를 다쳤다. 눈치를 보며 점심시간을 할애해 한의원과 정형외과에 다녀봤지만 금방 풀리지 않았다. 사진을 찍어보니 갈비뼈에 실금이 갔으니 치료하는 데 최소한 2개월은 간다는 것이었다. 차라리 금이 갔으면 드러누워 조리하면 될 일인데 이건 꾀병처럼 보이는지라 어쩔 도리가 없이 일해야만 했다. 기침도 옳게 할 수 있나 눕기를 마음대로 하나 여간 불편한 게 아니었다.

　주위에서 산재로 처리하면 되지 않겠는가 하였지만 언감생심 4대 보험을 들었나 입사한 지 오래되기라도 했나 벙어리 냉가슴 앓듯 옆구리를 잡고 기침을 하며 애먼 파스만 겹겹으로 발랐으나 더 나을 기미가 보이지 않았다.

　예전에는 약한 자는 강한 자의 행적을 바라보며 일거수일투족을 귀감으로 삼아 고생을 낙으로 삼으면 언젠가는 행복의 날이 올 것이라며 참고 살아왔다. 하지만 이즈음은 그게 통하지 않는다. 우는 아이 과자 주고 달래듯 임시방편으로 기업을 운영한다는 건 얼마나 위험한 일인지 한 번 당해봐야 고치는 경우가 많다.

　디지털 시대에 제일 먼저 다가오는 인터넷에서는 약한 자들의 편에 서서 그들을 보호하는 사이트가 무궁무진하다. 네티즌의 힘이 그 나라의 모든 부분을 바꾸어 놓을 만큼 큰 비중을 차지하는 시점에, 아직도 종업원의 약한 부분을 미끼로 삼아 투명하지 못한 방법으로 운영하는 이가 상당히 많은 것 같다. 나보다 약하니까, 내가 흔드는 칼 앞에 서 있는 이들은 어차피 고개를 숙여야 한다. 나이가 많은 이는 더욱 부리기 쉽다. 자기가 아무리 전직 고관대작 출신이라도 어차피 어디에 가서도 받아주지 않으니 어쩔 수 없을 것이라는 안일한 생각이 오히려 자기를 파멸로 치닫게 하는 일이 비일비재하다.

잘나가는 중소기업, 복지증진이 잘 된 회사는 어딜 가나 소문이 나게 되어 있다. 그건 흡사 맛이 있는 음식점은 소문에 소문을 타고 전국으로 퍼지고, 많은 사람이 그 지역에 가면 꼭 그 맛집을 들르게 되어 손님으로 문전성시를 이루는 것과 같다.

  한 지인의 아들이 고3 시험 후 어느 공단에 몇 달간 임시취업을 하고 3개월간 일을 마치고 나오며 많이 고민했다고 한다. 현장 종업원 대부분이 대학 출신들이라 의아해서 물어보니 봉급 수준이나 종업원 복리에 학력 나이를 무시한다고 했다. 그래서 대학에 가지 말고 여기서 다니며 야간대학이나 통신대학을 권했다는 것이다. 또한, 그들이 받아가는 봉급 액수를 보고 매우 놀랐고 불과 몇 달 만에 등록금을 장만했다는 말, 세상에는 이처럼 '착한 회사'도 많다는 것이었다.

  분명 함정이었다. 자기 자식 자랑은 늘어지게 해 놓고 종업원 간식은 우유 하나에 마른 빵을 제공하다 마다 하는 대표자가 있다. 그는 근로자의 약한 상황을 미리 알고 보험에도 가입하지 않고 엄동설한에 들판에다 용변을 보게 하고 자기는 최고급 승용차로 과시하며 아침에 얼굴 한 번 비치곤 퇴근하고 언 손을 녹이기 위해 손난로 옆에 앉아 커피를 마시는 것에 얼굴 찡그린다. 월말이 가까이 오면 입에 달고 다니는 말 '이번 달에도 적자인데 …'이다. 어쩌란 말인가. 영하 17도를 오르내리는 현장에서 땀 흘리고 두 겹 코팅 장갑 끝에 얼어 빠진 손가락을 움직일 기력도 없이 일한 대가를 어찌 제때에 받지 못한단 말인가.

　중소기업의 CEO들이여, 함정을 파지 마시라. 그들이 있어 그대가 등 따습게 먹고 좋은 차를 굴릴 수 있지 않은가. 제발 시어머니적 생각 말고 엄동에 막힌 수도를, 화장실을 뚫어주기 바란다.

헐거워짐에 대하여

 여자는 남자와 거리를 두고 걷고 있다. 이젠 그럴 나이란다. 그럴수록 다가가고 싶은 건 남자의 어리광이다. 중년으로 접어들면서 여기저기 아픈 곳을 호소하지만, 병원 가는 일을 결코 허락하지 않는 여자 앞에 남자의 자조 섞인 한 마디가 가당찮다. '아직 덜 답답한 모양이군.' 병을 허락이라도 하는 모양새다. 남자의 노량으로 걷는 모습에 아직도 일이 돌아가는 패턴을 모르는가, 예전의 가부장적인 사고를 하면 자식한테도 대접받지 못한다는 것을.
 그러던 어느 날 여자가 신체의 한 부분이 늘어졌다고 호소했다. 흡사 인터넷 쇼핑몰에 주문한 바지가 도착해서 입어 보니 다른 곳은 모두 맞은데 허리 부분이 프리사이즈처럼 커서 주먹 하나가 들어갈 정도라고 푸념했다. 만약 교환하려고 반품한다면 돌아온 치수는 다른 부분이 맞지 않을 것이라며 동네 수선집에서 헐거워진 부분만 줄여야겠다고 투덜거리는 것과 같다나 뭐라나, 무척 분주해진 말 속에 여전히 남자는 태무심할 뿐이었다.

여자는 팔을 연결하는 나사가 풀려 자꾸 덜거덕거린다고, 이젠 더 참지 못하겠다고 조립 공장에 가서 드라이버로 죄든지 이음새에 용접이라도 해달라고 했다. 그 공장, 병원 입구에 들어서자 여자는 적잖게 놀라는 기색이었다. 여자의 나이보다 더 젊어 보이는 이들이 수두룩하게 포진해 있었다. 사기그릇을 만지듯 여자의 어깨에 손을 댄 남자가 귓속말을 했다.

"이것 봐, 진작 왔어야 했잖아."

여자의 얼굴이 일시에 붉어졌다.

동창 모임에 다녀온 몇 해 전부터 여자의 태도가 조금씩 바뀌기 시작했다. 이제부턴 밥도 옷도 심지어 자는 것까지 혼자서 하는 법을 배우라고 초등학교 입학생 취급을 하는 것이었다. 애초부터 애교는 적었지만 속정은 깊은 여자가 아니었던가. 그것이 여자의 재탄생이라는 것을 눈치채기엔 남자의 사고는 아직 어린애였다.

남자는 혼자 짐을 지기엔 아직 이르다고 했다. 문득 휘 둘러보았다. 그 주위엔 하나둘 자리 이동을 했거나 삭제된 파일처럼 사라져버린 것이 부지기수였다. 얻은 것보다 잃은 것이 더 많아 헐거워진 일상을 되짚어 보았다.

1.

　읽지 않고 쌓아둔 책들, 서너 장 들추고 덮어둔 신간 소설의 쪽수, 그 사이에 끼여 숨조차 고르게 쉬지 못하는 단행본들의 헐떡거림. 서점에 꽂힌 수많은 책들 중에 족히 1~2 %만 먹고살고 있다는 존재감, 나머지는 무엇이란 말인가. 자기 과시, 위안을 위해 무리 중에 섞여 있는 청맹과니들, 베스트셀러 코너엔 명성 있는 이들만 앉아 있다. 나머지는 그 자리를 동경만 하다가 먼지가 될 것이다. 문학적 이력에다 지역에서 봉사활동을 한 공로까지, 명함 앞뒤를 가득 채운 화려한 보여주기. 본문의 의미보다 시놉시스를 더 길게 쓴 것이 독자들의 눈에 먼저 들어올 것이라는 건 어불성설이다. 그러다 보니 책들도 비틀거릴 수밖에 없다. 상위 얼마를 위해 희생된다는 건 분명 억울한 일. 하지만 엄연한 사실 앞에 무명작가들의 헐거워진 웃음, 그저 바람 앞에 촛불일 뿐이다.

2.

　지역사회를 담당하는 곳에서 메시지가 왔다. 침체한 상가들을 위해 대책을 세우자는 내용이었다. 더불어 앞으로 더 확대될 상권을 위해, 인근 도시로의 이탈을 방지하기 위한 대비책이라고 했다. 불황으로 인해 골목상권 자체가 무너진 지는 이미 오래전 일. 내남 없이 한숨만 늘어가고 있는 영세상인들, 한 치 앞도 점칠 수 없는 불투명한 이들 앞에 구세주처럼 나타났으니 썩은 동아줄이라도 잡고 싶은 마음 앞에 한 줄기 희망이 아니겠는가. 하지만 자칫 잘나가는 업체에만 힘을 실어줄 수 있는 일일 수 있다는 쑥덕 공론도 만만찮았다. 분명한 것은 위기 속에 상생하며 헐거워진 사람들의 마음을 얼마나 아우를 수 있느냐가 문제였다.

3.
  요즘 부쩍 각종 매체를 통해 '자연인' 타령이다. 한 곳에서 시작하니 흡사 검불에 불이라도 붙듯 확 번져나간다. 헤쳐 나가기 힘든 현실, 사회적 문제도 되고 희망까지 사라지니 굳이 붙들고 있지 말고 훌훌 털어버리라는 미명이 깔려, 현실은 그리 호락호락하지 않다. 그들의 공통점은 누구나 상처가 있다는 것이다. 건강, 재물, 혈육에 관한 것까지. 그 치유책으로 독한 마이신을 대신하여 자연을 택했으니 얼마나 좋으랴. 쟝쟈크 루소가 호소한 '자연으로 돌아가라!'는 말은 단순한 것 같지만 복잡다단하다. 요즘의 문명 이전으로 돌아가라는 말일 것이다. 그물코처럼 얽히고 설킨 현상을 훌훌 끊어버린다는 것, 모든 이들의 로망이지만 결코 쉽지만은 않은 일이다. 꽉 짜인 생활에서 조금은 헐거워진다는 것은 분명 추천하고 싶은 일이며 고향의 어머니 같은 치유법이다.

오래된 볼트는 느슨해지기 마련, 새것으로 교체하기엔 이미 늦었다. 비록 덜컥거리더라도 낡은 자동차처럼 천천히 갈 수밖에 없다. '그 소리도 괜찮군.' 남자는 뚝배기라도 만지듯 여자의 손을 잡고 헐거워진 사이를 삼십 년 이상 동거한 관계로 메워주고 있다. 엉거주춤 한발 양보한 채.

잠 속의 잠

길게 한번 자고 싶다. 그 강박관념에 늘 눈치를 보게 된다. 준비가 서툴러서인가, 지나친 기대감에서였던가. 살짝 들었다가도 바스락거리는 소리 하나에 깨고 만다. 출가한 딸, 군대 간 아들의 빈방을 들여다보고 현관 출입문까지 확인하곤 다시 청한다. 그럴 때면 잠은 이미 반쯤 달아나 있다.

내 잠은 얇다. 도마뱀의 꼬리가 잘렸다 소생하는 데 얼마나 시간이 걸릴까, 종종 그런 생각을 한다. 그렇게 잘려 나가면 계속 토막잠이다. 겨우 다시 시작되는 잠 여행은 텔레비전 정규방송 시작 전에 끝나버린다. 그렇다고 마니아는 아니다. 그것은 시간을 알려주는 역할만 해줄 뿐.

여행 도중에 잠길을 잃을 때도 있다. 그럴라치면 의도적으로 눈을 뜨지 않고, 창 너머 어둠을 감지하곤 다시 돌아눕는다. 좀 전의 단막극은 상황이 얽혀 연결되지 않는다. 어디부터 시작해야 하는지 생각하다 혼미해진다. 애먼 세월 탓만 하게 된다. 유년의 일은 새록새록 잘도 생각나는데, 현상의 것들은 바로 눈앞의 것조차 기억해 내지 못한다.

 더듬거리며 머리맡에 놓인 알약 봉지를 찾아낸다. 그중 두 개를 꺼내 마른침으로 하나 하나 넘긴다. 잘 넘어가지 않는다. 물을 찾으러 갈 동안 또 다른 잠을 잠식해 버릴 것만 같아 무리한 행위를 한다. 대낮 동안의 건강한 생활을 위해 필요한 것이다. 언젠가 이 약기운이 떨어져 쓰러졌다. 흡사 고무풍선에 바람이 빠지듯 흐물흐물해지고 있었다.

 그랬다. 내 몸은 주조종실에서 조정되는 사이보그였다. 가만히 둘러보니 나뿐이 아니었다. 철학자도 작가도 현대인의 특성으로 그를 들먹거린 지는 이미 오래전 이야기인 듯했다. 내 잠의 배경은 컨트롤 박스에 이미 정해져 있었다.

 '아버지, 운 나쁜 나의 애인'라며 아버지의 죽음 앞에서 절규를 한 어느 새내기 시인과, 사고로 죽음 직전까지 간 자기를 중환자실에 버리고 다른 여자에게 달아난 남편을 원망하며 쓴 지천명의 시인이 첫 시집을 냈다고 아침 신문에 떠들썩하였다. 해설자는 "고압의 언어들로 꽉 차 그것들은 임계점에 닿아 폭발하기 직전이다."라고 평하였다. '그것!'이란 욕을 하거나 꼬집거나 물어뜯거나 분명 대상이 있다는 말이다. 하지만 내겐 뚜렷한 대상물 하나 없이 잠을 이룰 수가 없다.

기형도 시인의 '안개'를 읽을 때는 잠은 더 멀어졌다. 시인은 못다 한 이야기를 안개의 빈 구멍 속에 가둬버리고 서른 살 나이에 훌쩍 떠나버렸다. 비교할 수 없는 그와 나와의 거리를 인식조차 하지 못하고 타성에만 빠져 있었다.

언제나 긴 잠 한번 잘 수 있을까. 기다리면 기다릴수록 바라던 바는 멀리 달아난다고 했던가. 그럴 때마다 위장엔 벌레라도 들어간 듯 꾸물거렸고, 이어서 찾아오는 공복감 때문에 허덕였다. 아이 적 생활계획표에 짜인 대로 잠속 여행이 이행되기를 바랐다. 하루 중 불과 몇 시간이 되지 않는 가난한 분배였다. 그래도 그 시간은 자꾸만 짧아지기만 했다.

대학 공부를 시작한 지 8년 만에 접어야 했다. 더는 답안을 작성할 여력이 내겐 없었다. 기껏 남들이 밟고 지나간 책에서 낚아 올린 낡은 문장 몇 개를 끼워 맞추려는 안일함. 그래서 치렁치렁 몸피에 매달린 열쇠꾸러미처럼 세 번의 대학 생활, 전공은 모두 제각각이었다. 시들시들한 잠 때문이었다.

어디다 차를 세워두었는지 기억이 나지 않을 때도 있었다. 그러다 보니 낯선 사람과 만나야만 했다. 목적지도 없는 여행길을 헤맨 적이 어디 한두 번이었으랴. 그게 내가 바라던 잠은 아니었는데 자꾸만 미궁으로 빠지고만 있었다. 그럴 때마다 좌로 눕고 우로 누우며 뒤틀린 나의 신체 구조를 꼿꼿하게 세워야 했다.

'이번에는 옳은 잠 한번 자야지, 멋진 꿈도 한번 꿔야지'

이렇게 시작은 늘 창대했다.

내 잠 속엔 꿈처럼 글을 써보는 것이었다. 어릴 적 멀리했던 책들의 목록을 찾으려고 헤매었다. 얇은 잠, 얇은 책, 얇은 감성, 도덕, 눈이 큰 아이, 비 오는 밤에 공동묘지에 말뚝 박기, '제발 하지 마!'라는 어머니의 말. 늘 아랫도리가 흔들렸다. 중년이 지나 바라보는 진리들은 금세 가슴속으로 들어오지 않았다. 무한한 허기를 어찌 한꺼번에 채울 수 있을까.

이즈음 잠을 못 이루게 하는 현안 몇 가지, 도농을 연결하는 다리 개통, 시골아이들의 자기 발표력 부족 및 헛된 시간 활용하기, 억지로 토론 시간 만들어 보기, 아웃 세탁소 아저씨 종합진단 권유하기. 돌아오는 답변은 '네가 뭔데, 아저씨 참가하면 선물 주나요?' 참 오지랖도 넓으셔. 이런 고민에 또 잠은 달아나고 만다.

잠 속에 들어가 잠을 위한 긴 변주곡을 울리고 싶다. 꿈꾸듯 자며 내내 그 속에 파묻히고도 싶다. 잠 속의 잠, 잠 속의 꿈, 꿈속의 잠. 계속 중얼거린다. 숫자를 끝없이 세고 어려운 문장을 생각해도 잠은 당최 오질 않는다.

바야흐로 잠자기 좋은 봄이 돌아왔는데도 말이다.

세 살 민지의 신발 신기

신발이 발에서 자꾸 미끄러진다. 두 번, 세 번 시도하지만, 마찬가지다. 그래도 아이는 투정 부리지 않고 열중한다. 이윽고 한쪽 발을 넣는 데 성공하고 앙증맞은 발이 들어간다. 신발을 신은 아이는 비로소 자기 키 크기의 가방을 메고 비틀거리며 일어난다. 이번에도 역시 신발은 거꾸로 신은 채다.

지켜보는 이가 이렇게 애처로운데 아이의 마음은 어떨까. 지금이야 단지 흉내로 이루어진다 할지라도 앞으로 시행착오를 겪을 것을 생각하니 까마득하기만 하다. 바라보고 있노라니 손에 땀도 난다.

아이가 애면글면하는 것을 옆에서 방관만 하고 있다고 눈을 흘길지도 모른다. 하지만 마냥 대신해 줄 순 없다. 처음 얼마간은 도와주지만 이젠 혼자서도 신고 있다. 심지어 화장실에 가선 돌아나올 때 언니들의 모습을 보고 자기도 따라서 가지런히 신발 정리까지 하고 나온다. 겨우 삼십 개월이 된 민지가 혼자서 신을 신고 있는 모습이다.

가족의 귀여움을 독차지할 때인 민지는 집에 돌아가도 엄마가 없다. 엄마 아빠의 이혼으로 편찮으신 할아버지 댁에 맡겨져 있다. 어린이집엔 아침 일찍 일을 나가는 할머니와 같이 제일 먼저 온다. 처음 왔을 땐 울기만 하더니, 적응한 아이는 할머니가 데리러 오면 집에 가지 않겠다고 숨어서 나오지 않고 떼를 쓰기도 한다.

부모 중 어느 한쪽이라도 돌보는 아이들이야 그렇게 문제 되지 않겠으나 민지의 경우는 다르다. 옛날에는 일가친척들의 집에서 여럿 자라는 데 같이 크면 된다며 맡는 이들도 있었지만, 어디 요즘은 그런가. 자녀가 적은데도 데리고 키우겠다고 자청하는 쪽이 오히려 줄어드는 추세다.

전국적으로 하루에 800여 쌍이 결혼해서 그 반이 이혼 도장을 찍는다고 한다. 두 쌍이 결혼하고 한 쌍이 이혼하는 시대이다. 《우리가 꿈꾸는 행복한 이혼은 없다》의 저자 주디스S 월러스타인은 이혼을 "마치 불이 난 고층건물에서 생존 가능성을 염두에 두지 않고 뛰어내리는 것과 유사하다."라고 했다. 무엇이 우리를 이렇게 절박하게 만들고 있을까.

아이들의 홀로서기 하는 모습, 바라보는 이들이 안타깝기만 하다. 그래도 예전에는 부부가 헤어지려고 해도 '아이들을 보고 산다'며 고비를 넘기며 한쪽이 희생하는 경우가 많았다. 요즘은 아이야 어찌되었건 부모의 결정이 우선이니 또 다른 문제가 되고 있다. 아무리 어려운 환경에서 자라면 철이 빨리 든다고 하지만, 민지와 같은 어린아이들은 가족 중 한 사람이 책임져야 한다.

얼마 전엔 민지의 엄마가 어린이집으로 찾아왔다. 이번 기회에 엄마가 데려갈 수만 있다면 얼마나 다행일까. 할머니도 힘드는데 그렇게라도 말해주고 싶었으나 그럴 상황이 못 되는 것 같았다. 어디 멀리 간다며 아이를 마지막으로 보러 왔다고 했다.

적잖이 걱정되었다. 오랜만에 만난 엄마에게 안겨 떨어지지 않으면 어떻게 할까. 어린 것이 엄마 품을 떠나 몇 달이나 있었으니 그리움이야 오죽했겠는가. 그러나 기우杞憂였다. 엄마의 얼굴을 본 아이는 달랐다. 눈물을 흘리며 '미안하다'는 말을 하는 엄마와는 달리 아이는 외면을 하는 것이었다. 그새 얼굴을 잊어버린 걸까. 아니면 저 아이가 무엇을 알고 있는 것일까.

'이렇게 어린 나를 두고 얼마나 잘살고 있나요. 잠이나 오던가요. 왜 이제야 왔어요. 이렇게 울며 얼굴 한 번 보고 가면 엄만 괜찮을진 몰라도 나는 어떻게 해요. 하루에도 수십, 수백 번 엄마 얼굴 보고 싶어서 눈물을 흘리는 줄 알고나 있나요. 어린이집 다른 친구들이 엄마가 데리러올 때 내 마음이 어떤지 알기나 하나요.

말없이 날 두고 가더니 왜 찾아왔나요. 할머니와 친구들과 잘 지내고 있으니 다음부터 오지 마세요.'

아이는 힐끔거리며 주스를 마시며 뭔가 자꾸 입을 옴질옴질대고 있었다. 짧은 만남이 끝나고 엄마가 보이지 않자, 그제야 아이는 엄마를 부르며 울기 시작했다. 다음날 민지는 어린이집에 오지 않았다. 밤새 엄마를 찾아 울다 결국은 열이 펄펄 끓고 병이 났다. 할머니도 일을 못 나갔다. 책임을 지지 못하면 찾아오지나 말지. 아이의 가슴에 못질만 하고 갔다며 다음부터는 절대 못 만나게 해달라고 했다.

어려운 시절엔 입 하나 덜기 위해 뿔뿔이 흩어진 형제자매가 성인이 되어 상봉하는 것을 종종 보았다. 가난의 설움을 극복하려고 악착 같은 삶을 살았을 일이다. 오직 잘사는 것만이 부모형제와 재회하는 길이라며 하루에도 수십 번을 되뇌며 그날을 기다렸다. 그래서 만나면 네 살, 다섯 살 적 기억을 캐내면서까지 피붙이의 연결고리를 형성하려고 했다. 민지는 오늘의 이 모습을 어떻게 기억할까. 아빠까지도 책임을 회피하고 부양하지 않고 있다. 그 작은 눈에 각인된 아빠와 엄마의 모습이 자라면서 어떻게 남아 있을까.

민지는 엄마라는 말만 할 줄 알고 겨우 자기 신발을 신을 수 있는 세 살짜리 아이다. 이젠 신발을 신으면서 다른 아이들처럼 오른쪽 왼쪽 짝짝이를 맞추는데 또 시간이 걸릴 것이다. 제대로 들어가면 걷기도 편하다. 하지만 바꿔서 신은 신발은 자꾸만 다른 방향으로 갈려고 할 것이다. 작은 어려움은 모두 없애고 다른 아이보다 훨씬 빨리 컸으면 좋겠다. 아이가 자라면서 엇박자가 나는 일이 다반사겠지만 뒤틀린 사회에서 소외되지 않고 자라길 간절히 바랄 뿐이다. 웃으며 선생님에게 뛰어올 민지의 얼굴을 빨리 보고 싶다.

2부
강변 풍경

참나무 그늘에서

K 군, 잘 계셨는가. 오늘은 휴일을 맞아 산행을 했다네. 그동안 쌓였던 노폐물이 빠져나가니 상쾌하기 그지없었어. 하산길에 나무 그늘에 앉아 산들바람을 맞으니 노래가 절로 나오더군.

바람 솔솔 소나무, 불 밝혀라 등나무, 십 리 절반 오리나무, 대낮에도 밤나무, 칼로 베어 피나무, 너랑 나랑 살구나무, 깔고 앉아 구기자나무, 방귀 뀌어 뽕나무, 화가 나도 참나무….

그런데 망중한을 방해라도 하듯 발아래 무언가 떨어졌어. 도토리였다네. 여기저기 채 익지도 않은 것이 흩어져 있더군. 눈을 들어보니 아무것도 보이지 않고 참나무 가지만 흔들리고 있었어. 바람의 장난인가. 이래저래 상쾌한 기분은 잠시 사라져버렸다네.

 K 군, 참나무를 보니 참을성이 많은 자네 생각이 나더군. 아직도 모든 일을 내 탓이라고 돌리며 잘 참고 있는가. 언제였던가, 점잖던 자네가 요즘 세상사 돌아가는 꼴을 보고 있노라니 울화통이 터진다고 한 적이 있었지. 참는다는 건 여러 가지로 해석할 수가 있어. 경쟁 사회에선 상대방보다 힘이 약해 참아야 하고, 참고 때를 기다려야 할 경우도 많으니 말일세. 하지만 눈 뜨고도 코 베어 간다는 세상에 마냥 참고 기다리기만 하다 자칫 대열에서 영영 밀려나 버릴까 그것이 걱정이라네.

 이를 어찌 우리 생활의 조그만 일에만 국한하겠는가. 약육강식의 동물적 본능은 지구촌 곳곳에서 일어나고 있으니 과연 누굴 믿어야 할지 종시 헷갈릴 때가 많다네. 감성의 시대는 멀어지고 합리만이 앞서니 말일세.

 참나무는 굴참나무, 갈참나무, 졸참나무, 상수리나무, 신갈나무, 떡갈나무, 너도밤나무…. 그 종류가 무려 백여 종이라 하니 식구가 많긴 많구나 싶어. 곰곰이 생각해 보니 이 나무는 자네가 살고 있는 주변 정세와도 비슷하다는 생각이 들더군.

 이웃하고 있는 자네 주위를 한번 살펴보게. 주어진 대로 자기를 개발하며 살아가야 하는데 남을 험담하고 역사를 왜곡까지 하며 기고만장하고 있는 이들이 있지 않은가.

 K 군, 참나무와 비교하여 자네 이웃에 사는 두 명을 들어 J 군과

C 군으로 이름 붙여보기로 했다네. J 군은 졸참나무, C 군은 갈참나무, 자네는 굴참나무로 보면 되겠더군. 속성이 비슷한 이들 세 나무는 예로부터 원수처럼 지내다 때론 친구가 되기도 하며 질곡의 세월을 견뎌오고 있지.

 졸참나무 J 군은 얼마나 까불거렸으면 자라다 말았을까. 키는 채 크지 않고 열매부터 먼저 달린 모양이라. 슬쩍 건드리기라도 하면 열매가 와르르 쏟아지니 자칫하면 억울한 누명이라도 쓸 나무라 누가 선뜻 접근할까. 갈참나무 C 군은 어떤가. 잎이 넓어 햇빛 가리개나 비 가림막으로 적합할 것 같지만 겉모양뿐이야. 옷이 무에 그리 중하다고 오뉴월에 방한복 입은 형상이라. 겹겹이 둘러싸여 열매 크기는 절반도 되지 않아. 굴참나무 자네는 이파리 언저리의 톱니로 이치가 맞지 않을 때는 강단 있게 찌르지. 열매는 가벼운 옷으로 감싸고 있어 크진 않지만 여물기론 차돌 같지.

 자네와 두 친구는 나름대로 자기의 길을 걸어오고 있어. J 군은 특유의 약삭빠름으로 자본 강대국에 들게 되었지. 세계 어디를 가도 그들의 신발은 있어. C 군은 많은 가족을 먹여 살리려고 억척같이 살고 있지. 오죽했으면 그에게 한번 들어간 돈은 다시 나오는 법이 없다고까지 했을까. 자네는 어땠는가. 열사의 땅에서 혹은 수백 미터나 되는 이국의 갱도에서 피땀을 흘리며 조국 근대화를 위해 밤낮으로 얼마나 노심초사했는가. 손톱보다 작은 반도체에서 수십만 톤 선박까지 세계에 수출하며 조국의 위상을 높이지 않았는가. 도토리를 심어 열매가 되기까지 수십 년은 걸리듯 긴 세월 동안 비슷한 용모와 먹을거리로 자네와 두 친구는 늘 티격태격하며 지내오고 있지.

그런데 요즘 두 친구를 살펴보게. 차마 눈을 뜨고 볼 수 없을 정도로 비열해졌어. J군의 자만은 가히 하늘을 찌를 듯해. 누대를 지켜온 자네 나라의 섬을 없던 재산목록까지 만들어 자기 소유라고 주장하고 있잖은가. 더군다나 제국주의 만행을 반성 하나 없이 당연시하고 있는 지도자들의 철면피함을 보고 있지 않은가. 심지어 자라나는 아이들 교과서에까지 실어 세뇌 교육을 시키고 있는 것을 보고 어찌 참고만 있을 수 있겠는가.

어디 그 뿐인가. C군은 자기 국경 안에서 일어난 모든 역사를 자기 것으로 만들기 위해 눈에 불을 켜서 설치고 짝퉁을 앞세우며 먹을거리에도 유해한 일에 앞장서고 있으니 어찌 통탄하지 않을 수 있단 말인가. 그들은 자기의 일이 아니면 '만만디', 이익되는 일에는 '급발진'인 거야. 오죽했으면 자네의 '빨리빨리'보다 급발진, 급브레이크, 급회전으로 타이어의 마모가 더 심하다고 했을까. 하물며 자네를 이렇게 비아냥거린다네. '부자도 아닌 게 부자인 체 신용카드를 마구 긁어대고, 법과 질서를 무시하는 파업을 횡행하고, 도시의 낮 거리는 쓸데없이 빈둥거리는 이들로 넘치고, 옛날의 헝그리 정신들은 어디 갔느냐. 별것 아닌 변방 소국 주제에 뭘 으스대느냐.'는 것이야. 불현듯 예로부터 내려오던 말 하나가 생각이 나네.

> 미국을 믿지 말고 소련에 속지 말며 중국이 죽어가니
> 일본이 일어난다. 조선은 조심하라.

그대 굴참나무여, 어떻게 지켜온 조국인가. J 군이 바다 건너 침범해 와 조정에선 당파싸움만 하다가 백성을 버리고 피난을 갔을 때, 지상과 해상에서 열악한 장비와 병력으로 살신성인하는 장군들이 있었고 백척간두에 놓인 나라를 보고 선비들은 의기상투하여 '장부가 국난을 당해 한 번 죽음이 있을 뿐, 어찌 구차하게 살기를 바라리오. 오늘 이 땅이 바로 내가 죽을 곳이다.'라며 붓을 놓고 분기탱천하여 칼을 들고 구국의 대열에 뛰어들었지.

또한, C 군이 수많은 군화를 내디딜 때도 물리치지 않았던가. 역사의 바탕을 이룬 일이 어찌 이 뿐이리요. 나라를 위해 희생한 수많은 선현을 되뇌며 요즘 이 두 친구의 행태를 팔짱만 낀 채 참고 바라보고만 있으려는가.

넥타이 맨 이들이 상여 닮은 집에서 아귀다툼하고 울다 지친 아이들은 가출하고 길거리엔 할 일 없이 나다니는 이들이 넘쳐나고 젊은이들은 무엇이 그리 답답한지 속에 천불이 난다며 밤새 술을 마시고 있을 때, 이웃 그들의 밥그릇은 어느덧 자네 곁에 자리 잡고 앉아 있네. 주위를 휘 돌아보게. 내남없이 그들의 물건을 쓰며,

비지떡 같은 싼 음식도 들여와 내 것이라고 속여서 팔고 있지 않은가. 이제 어떠한 물건에도 자네 나라 표시는 찾아보기가 어렵다네. 조상들이 그렇게 우려하던 문화 사대주의가 젊은이들 폐부 속까지 뿌리내리고 있어. 어찌 변명할 건가.

    '졸참나무가 생떼 쓰고 갈참나무가 행패 부리니
    굴참나무여 참지 마라.'

툭툭 털고 일어서려니 어질어질하고 말랐던 땀이 다시 솟아났다네. 도토리를 딴 건 다름 아닌 청설모였어. 이곳 저곳 옮겨가며 내는 소리가 '날 잡아봐라'며 놀리는 것 같았어. 어쩜 저 미물이 내 닫혀 있는 감각을 일깨워 주려고 온 것인지도 모른다는 생각이 들더군. 불끈 주먹을 쥐고 달려갈 자세를 취하니 쏜살같이 도망갔어. 뒤따라 덜 익은 도토리들이 머리 위로 후두두 후두두 떨어지고 있었다네.

K군, 얼마 전 동포에게서 온 메시지 하나가 가슴을 파고들었다네.

'우리들 뒤에 힘있는 조국이 있다는 걸 느끼게 해 주소서.'

몸춤
-58년 개띠의 노래

아버지가 춤을 춘다. 번데기가 껍질을 탈피하려고 온몸을 뒤채듯 꾸물꾸물 움직인다. 찬란했던 과거를 생각하며 불콰해진 얼굴로 개띠 아버지가 흐물흐물 무너진다.

나는 염천에 분진 마스크와 가죽옷을 입고 나이를 잊은 열아홉 용접공, 케시미론 이불 한 장 짊어지고 조선소로 출발하던 날, 칼바람 오달지게 불던 공고 3학년 겨울. 새벽에 득달같이 별 보고 출근해 잔업에 철야 야식 햄버거빵 하나 들고 얼어버린 철 난간 잡고 바라본 바다. 식어 버린 고깃덩어리에 깃든 희망 하나. 500원 거북선, 330원 한산도, 맵디매운 100원짜리 환희 담배, 월말에는 모아 둔 꽁초 말아 피우던 숙소 앞 구판장 담벼락에 쪼그리고 있던 고향의 아버지처럼 꼬빡 꼬빡 특례보충역, 군대 면제, 해외 파견, 대기업의 봉급 유혹 앞에 깨춤 추던 약관의 가장들. 전국 공고생들 꾸역꾸역 모여든 독신자 숙소 보리 문둥이, 깽깽이, 짠물, 감자바위, 깍쟁이 피 터지게 싸우다 하루 이틀 든 정, 한방에 네 명은 어느새 가족 다른 친구 대학 오리엔테이션 하던 춘삼월 잔업 마치고 퇴근하며 소주 한 잔으로 달래던 마음, 서로를 위로하던 젊은 피.

그러던 어느 흐린 날

쿵, 쾅 대포 쏘는 소리
뒤이어 단말마처럼 들리던 비명
순식간에 사라진 동료 여섯
켜켜로 쌓여 있던 두께 5cm 길이 12cm 철판
야수 같은 천장 크레인 야적된 무게를 쾅!
밑에 깔린 얼굴 얼굴들
목구멍에서 올라오는 헛구역질
3600 Rpm 그라인더가 맨살을 갈기 시작
느끼지 못했던 아픔
허연 뼈 드러났을 때 지른 비명
불과 십여 미터 앞에서 벌어진 전쟁
이것이 무어냐 이게 다 무엇이냐

운명이라 돌리기엔 너무 가혹한 열아홉

청춘들이 내던진 용접봉은 모래사장에 꽂히고

울다 춤추다 쓰러지며 부른 노래

아무리 흔들어도 우린 열아홉이야

밤새 목이 터져라 부르던 그 슬픈 노래

아, 다시는 되뇌기 싫은 열아홉의 노래

조국은 열아홉 아픈 노래들을 딛고 세계 속에 돋을새김했지

그러나 그 아이들 지금 길가에 버려져 있네

구멍 난 철판을 메우는 일이 그들의 몫이 아니라고 밀어내고 있네

아직도 힘이 남은 58년 개띠

회사도 문을 닫고

이력서도 낼 데 없는

곱씹을수록 잠도 오지 않는 어중간한 초겨울에

마누라도 돌아누워 버리는, 당최 발기하지 않는 경제지수

텅 빈 자리

널브러지는 단순함에 몸부림치는 기루빠시들의 목쉰 아우성

앞으로 이삼십 년을 우에 살라꼬

부딪는 소주잔 사이로 흐르는 눈물

차라리 열아홉 살 그 시절로 돌아가고파

북풍한설 나부끼는 전봇대에

사원 모집 광고지가 접착력이 떨어져 안간힘을 쓰는
가물가물 옛적 생각에
얼굴 붉히는 그대는 진정 이 시대의 주역들이었는가
소주 두 잔, 뽕짝 한 잔 마시고 노래를 부른다
흐느적 흐느적 어깨춤을 춘다

그래, 우린 싸가지 없고 철딱서니 없는 꼰대들
주야장천 일만 해 온 비주류
기껏해야 소주 몇 잔에 땡고함만 지르는 베이비붐 세대다, 어쩔래!
땀 흘리면 잘사는 나라의 표본, 조국 근대화의 근간들이
오늘도 새벽 인력시장 곁불 쬐며 하루치 노동을 위해 곁눈질하고
구멍 난 현실을 살아온 날만큼만 메우고 싶은 이 시대의 아버지들이
깡통 불 사이로 날름거리는 혓바닥 되어
하루치 밥벌이를 기다리고 있다
이 시대의 58년 개띠들아,
우리도 플래시 몹 한번 하자
중동 항만 플랜트들
세계를 누비는 수십만 톤 선박을 만든 주인공이라고
조국 근대화의 기수들을 홀대하지 말라고
흔들흔들 비틀비틀 엉금엉금 가사 없는 노래로
몸춤 한 번 추자

감자탕을 끓이며

감자탕이 끓는다. 낮 시간 정적에 쌓여 있던 부엌이 모처럼 소란하다. 김이 빠지느라 냄비 뚜껑이 달그락거리는 소리에 내 기침 소리까지 어울려 완벽한 이중창이 된다. 가스레인지도 연신 불꽃을 뿜어 올리느라 분주하다.

꼭두새벽부터 후각을 자극하던 해장국집의 감자탕 끓는 냄새에 낯모르는 이들이 어디선지 꾸역꾸역 모여들어서 장단을 맞춘다. 그곳의 뼈다귀는 너무 크다. 사람들은 살점 발라먹을 생각은 없고 국물에만 숟가락이 분주하다. 그들에게 감자탕은 지난밤의 숙취를 달래주는 명약쯤으로만 생각되었나 보다. 나 또한 한때 집보다 그곳 음식이 좋았던 때가 있었다.

돼지등뼈를 샀다. 최소한 작게 토막을 내달라고 정육점 주인에게 부탁했다. 미지근한 물에 우선 뼈의 피를 뺀다. 살짝 끓이니 뼛속에서 이물질이 자꾸 나온다. 무엇을 그리 먹었기에 뼈 마디마디에 많은 불순물을 품었느냐고 나무라자, 돼지 뼈도 이에 질세라 건강조차도 지키지 못한 내 지난날을 한껏 비웃는 듯 요란한 소리까지 낸다. 그만 고개를 끄덕인다. 내 뼈마디에도 얼마나 많은 욕심의 찌꺼기들이 쌓였을까 생각하며 툭 불거져 나온 손목뼈를 만져본다.

부유하는 불순물을 몇 차례 걷어내니 물의 색이 점차 뽀얗게 바뀌고 있다. 이젠 다른 첨가물을 넣어야 한다. 이것이 곰탕과 다르다. 곰탕엔 뼈만 들어가지만, 감자탕엔 감자와 우거지와 그 외에 여러 양념까지 들어간다. 곰탕은 우려내고 우려내서 진국을 만들어 며칠 동안 먹을 수 있으나 감자탕은 그리 오래 가지 않는다.

반들반들하게 껍질을 깎은 감자를 통째 넣는다. 그렇게 한소끔 더 끓이다 젓가락으로 폭폭 찔러본다. 감자탕은 감자가 익을 만큼만 끓이면 된다. 너무 오래 끓이면 감자가 바스러져 범벅이 되어 잡탕이 되고 만다. 젓가락이 통과하면, 모든 것이 감자의 몸통 안으로 모여든 때다. 그럴 때면 뜨거운 물에 두부를 넣고 미꾸라지를 넣으면 뜨거움을 피하려고 두부 속으로 박히는 미꾸라지 숙회를 떠올린다. 마지막으로 데친 우거지를 넣는다. 드디어 까탈스런 아이들에게 비위를 맞추지 않아도 될 감자탕이 완성된다.

아이들은 고기에 먼저 젓가락이 갈 것이고 아내는 나물 건더기를 집을 것이다. 집에서 먹는 감자탕은 한입에 쏙 들어가는 것이 적당하다. 아이들도 왕사탕처럼 입속에 넣고 돌려가며 재미있게 먹는다. 서로의 볼을 손가락으로 가리키며 웃는다. 감자와 돼지 등뼈와 나물의 조화, 비로소 우리 가족의 입맛에 딱 들어맞는다. 간혹 남의 취향을 침범하여 음미하기도 한다. 그럴 때면 자기 영역에 대해 불평을 할 때도 있다. 하루 동안 있었던 일들을 식사 시간에 해소한다.

 공직에 있는 아이는 민원인에 대한 이야기, 작은 사업을 하는 둘째는 요즘 돌아가는 경기에 대해 말하다가 언성을 높이기도 하고 요식업에 종사하는 막내는 새로운 요리법 개발을 위해 두 누나에게 조언을 구하기도 한다. 자신만 생각하지 말고 두루뭉술하게 섞이길 바란다.

 우리 가족들은 저녁 여덟 시가 넘어야 모두 모인다. 아이들은 아침은 거르고 점심은 어딘가에서 사먹었을 것이다. 집에선 오직 한 끼만 같이 먹는다. 이 만찬에 빠질 경우도 종종 있으나 가능하면 같이 하자는 게 우리들의 약속이다.

 즉석 음식은 좀체 만들지 않는다. 낮 동안 지친 심신을 연장하고 싶지 않기도 하겠지만, 한 번 만들어 놓고 자기들이 알아서 챙겨 먹는 게 오히려 편하기 때문이다. 그러면서 변화된 식단을 원한다. 아내가 자주 만들어 놓는 카레, 짜장, 찌개는 이제 싫증이 난다고 입을 모은다. 오늘은 일단 그 소리는 듣지 않을 것이다.

메뉴 짜기도 신중히 처리해야 한다. 모두를 만족시키기 위해선 아이들과 어른의 중간쯤 되는 것을 택해야 한다. 집에 들어오면 제일 큰 관심사는 오늘의 메뉴다. 처음 얼마 동안은 아이들 위주였다. 자기들 입맛에 맞지 않으면 투정을 부리다 인스턴트 음식을 먹기 일쑤였다.

현관문을 열고 들어오며 맛있는 냄새가 난다고 하면 일단 성공이다. 막내 아이가 낮 동안 하지 않은 컴퓨터를 하다가 감자탕 맛이 한 번 더 생각나길 바란다. 마법에라도 걸린 듯한 그릇 더 먹으러 올 그런 맛이면 된다.

비록 작지만 마음에 되새길 일이 일어나면 그 흥분감에 잠까지 설칠 때가 있다. 감자탕도 그랬다. 평소와 다른 양념을 넣어볼까, 감자를 잘게 잘라보면 어떨까. 사소한 일에 또 신경을 쓴다고 아내는 가끔 지청구한다. 이젠 어느 입맛에도 어울릴 수 있는 그런 사람이 되고 싶다.

냄비 뚜껑이 들썩거린다. 그 모습이 젊은 시절 천둥벌거숭이처럼 나다니던 내 모습이다. 정작 눈에 보이는 건 아무것도 없었는데 무엇을 잡으려고 그렇게 휘몰아 다녔던가. 피식 웃는 사이로 이순의 나이가 얼비친다. 이젠 불을 꺼야겠다. 아내와 아이들이 기다려진다. 저녁에 모일 가족들의 판정이 기대된다. 물론 설거지는 각자 몫이다.

어머니의 자리

"이보게 조카, 이젠 상석을 다시 해야지."

집안의 최고 연장자인 당숙께서 다가와 언질을 준다. 산소 중앙에 놓인 잘 깎인 화강암 덩어리는 수년이 지났지만, 아직도 번들거린다. 글씨가 새겨진 돌판의 정면엔 아버지와 큰어머니만 있고 어머니의 이름은 없다.

줄지어 있는 산소 대열엔 흡사 부스럼이라도 난 것처럼 벗겨지고 땅가시까지 뻗어내려 있다. 그중에 어머니 산소만 유독 잔디가 무성하고 손댈 게 별로 없다. 웃자란 풀들만 손으로 뜯을 뿐이다. 어머니와 동갑인 고모가 연신 마른 눈물을 흘린다.

"열일곱에 스무 살이나 많은 신랑에게 후취로 와서 호랑이 시어머니, 시동생, 시누이, 층층시하 사대 봉제사에 숨 한 번 못 쉬더니 저승 가서 저렇게 잔디가 잘 살면 뭐 하노."

아무리 돌아가신 분이 시기한다지만 어느 누가 전취에 그렇게까지 하겠느냐며 혀를 끌끌 찬다. 제수를 차려 석 잔의 술을 따르고 절을 한다. 등 뒤로 가랑비까지 오락가락하고 있다.

빈한한 살림살이, 쓰러져 가던 초가에 받치고 있던 대들보마저 늘 위태롭던 가세였다. 게다가 서슬이 퍼렇던 할머니의 기운은 목소리만 들어도 오금이 저릴 정도였다. 밥 먹다 보리밥 한 알이라도 남기면 마른하늘에 천둥이 쳤다. 잇속 없이 물러터진 집안의 남자들을 책망이라도 하듯 할머니는 온 동네에 욕 잘하고 무섭기로도 소문이 나 있었다.

한 번은 우리집에 상이군인들이 들이닥쳤다. 그들은 집게를 들고 닥치는 대로 망태에 집어넣었다. 전쟁 후라 은빛 갈고리 의수와 목발을 휘두르는 기세엔 경찰조차 뒷걸음을 치던 시절이었다. 나는 무서워서 뒤란으로 숨었다. 그때 할머니가 부엌에 있던 부지깽이를 들고 코를 벌름거리며 그들 앞에 나섰다.

"내 아들 잡아먹은 귀신들아, 썩 물러가거라."

전사한 막냇삼촌을 생각하며 그들을 몰아낼 때 오줌까지 지렸다. 그 할머니가 돌아가셨을 때 어머니는 왜 그렇게 서럽게 우셨을까. 구속으로부터 해방된 눈물은 결코 아닐 성싶었다.

'가난한 집 제사 돌아오듯' 집안의 가욋일까지 어머니 차지였다. 할머니는 조상을 잘 모셔야 자손이 번성한다는 유언을 남겼다. 덧붙여 소생 하나 없이 일찍 돌아가신 큰어머니가 불쌍하다며 제사 이어가기를 거듭 부탁했다.

큰어머니에 대한 어머니의 치성은 각별하였다. 명절이 돌아오면 아버지와 나에게 제일 먼저 큰 외갓집에 들르라며 선물을 챙겼다. 전취 처가에 있는 행사에는 열 일 제치고 참석하였다. 아버지가 돌아가셨을 땐 공동묘지에 있던 큰어머니의 유해를 이장하여 합장하고 상석까지 마쳤다. 그날 큰 외가 삼촌이 어머니에게 고맙다고 잡은 손을 오랫동안 놓지 않았던 기억이 아직도 생생하다.

그때 상석에 당신의 이름이 들어갈 자리를 비워 두지 않았다. 어머니는 왜 당당하게 그 대열에 끼려고 하지 않았을까. 가사에 대해 무신경이던 아버지에 대한 원망에서였을까. 자식들에 대한 배려였을까.

소자농의 한을 딛고 다랑논 두 마지기를 샀을 때도 그렇게 좋아하지 않았다. 그날 저녁 어머니는 나를 조용히 불러 앉혔다.

"너희 아버지 돌아가시면 나는 절에 공양주로 들어가련다. 그리고 내가 죽으면 절대 너희 아버지 옆에 묻을 생각 마라. 한 줌 재로 만들어, 내 살던 서산 동산에 버드나무 소리 내어 울면 그 바람 따라 뿌려다오. 동백기름 겨우 발라 쪽머리 흉내 내던 열일곱 살 적에 뼈대 있는 양반 집안이라고 날 쫓아내듯 시집 보낸 어머니를 원망하며 울었던, 그 동산에다 뿌려다오."

아버지가 돌아가시자 어머니는 기다렸다는 듯이 절로 들어갔다. 뒷모습에서 생전 할머니의 바람 소리가 났다. 정작 그런 어머니 앞에 나는 '저러다 돌아오시겠지.'라며 태무심하였다. 그런데 그것이 영영 돌이킬 수 없는 한으로 다가올 줄이야.

어머니의 사고 소식이 들려온 건 막 장마철로 접어들 무렵이었다. 평소 좋지 않던 다리 관절로 법당 계단을 내려오다 그만 낙상하였다. 우두망찰하여 병원에 도착했을 때는 뇌출혈로 대수술을 받아야 한다고 했다. 열아홉 시간의 수술에 들어가기 전 희미한 의식으로 입을 자꾸만 달싹거렸다. 분명 그날 저녁 그 말이었다. 엉겁결에 고개를 끄덕였다. 어머니는 그렇게 우리 곁을 떠났다.

어떻게 흔적도 없이 바람에 날려 보낼 수 있단 말인가. 가까이에 모셔 놓고 나며 들며 잔디라도 뜯으며 하소연이라도 해야 했다. 왜 평생 당신을 위한 자리는 하나도 만들어 놓지 않았느냐고 되묻고 싶었다. 어머니의 마지막 말을 뒤로하고 아버지와 큰어머니 묘의 위치에서 한 자 두 치 아래로 산소를 썼다.

비가 억수같이 쏟아졌다. 곧 묘가 무너져 내릴 것 같았다. 잔디를 살리는 것만이 속죄라도 되는 양 비닐로 덮었다. 훈기 때문이었던가. 차츰 잔디가 자리를 잡더니 뇌 수술한 맨머리에 무성한 머리카락처럼 자라 주었다.

어머니가 큰어머니에 대한 배려는 시기나 질투에 대한 두려움 때문만은 아니었을 것이다. 애초에 상석의 돌판에 당신의 이름을 넣기 위한 마음만으로 살았다면, 어릴 적 내가 치마를 잡고 있었던 손을 뿌리치고 떠났을지도 모른다. 속옷 보따리 장사를 하러 갔다가 돌아오지도 않았을 것이다.

비켜서서 아버지와 어머니의 산소에 눈대중으로 선을 이어 본다. 손가락 한 마디만큼 아래로 처져 있는 어머니의 자리, 남편에게 사랑 한 번 옳게 받아보지 못하고 가슴으로만 간직하다 돌아가시는 날까지 자식에게 해가 된다고 나란히 서기를 마다한 그 자리. '이만하면 됐다.' 손사래를 치며 어머니는 희미한 미소로 앉아 있는 듯하다.

당숙의 목소리는 귓전에 맴돌기만 하고 빗물은 자꾸 가슴속으로 파고들고 있다.

말라 가는 것들

 한때는 청춘이었다. 머리칼조차 허옇게 센 채 제 몸 하나 가누지 못하고 주체 못 하는 갈대를 보라. 밑동 자른 댓잎 도꼬마리 차르르르 말려드는 것처럼, 엽록소들은 빠져나가 버리고 희멀건 죽색으로, 푸르던 시절은 어디다 버려두고 한 점 겨울바람에 휘청거리고 있지 않은가.
 긍정의 마인드를 달리는 이들이야 저런 고통을 지나야 내년 봄을 기약한다고 찻잔을 들고 찬미하지만, 요즘 뚜렷한 계절의 변화가 일어나는가. 가~아~을 이란 단어가 끝나기도 전에 밀어닥친 겨울 앞에 백발의 노인들은 청춘을 회고하지 않을지도 모른다.
 말라가는 게 어디 저 벌판의 것뿐이랴. 인간 세상에는 또 한 해가 저물어가고 있다. 이때면 쓰나미처럼 몰려오는 상기하기 싫은 감정이 소매를 잡는다. 하루가 멀다 않고 서민의 마음을 울리고 있는 저 장난처럼 아우성치는 앞선 자들의 행위, 하마 괜찮겠지, 곧 좋아지겠지 반복하다 지쳐 셔터를 내리고 말문을 닫은 이들. 그치지 않는 재채기들이 열 번, 스무 번. 그들의 고개는 언제 다시 들 수 있을까.

'서걱서걱! 사각사각!' 관절염 앓는 소리를 내며 서너 계단을 채 내려오지 못하고 주저앉아 있는 옆집 할머니 탄식, 그나마 입칠이라도 하려고 바람에 날리는 신문지 한 장이라도 주우려 엎어지고 자빠지며 모으는 파지조차도 1kg에 100원을 밑도는 아랫도리 허전한 세밑, 한 치 앞도 기약 못 하는 하루치 시세 앞에 허덕이고 있는 우리네 이웃의 하소연만 귀에 쟁쟁하다.

25년 넘게 식물인간으로 있는 아들과 동고동락하던 아버지가 겨울 초입에 방에서 아들과 산화했다는 아픈 소식이 전해 온다. 자주 입에 오르내리는 일이지만 어찌 아비의 마음을 다 헤아리리오. 그 내면을 들여다보면 기가 찰 노릇이다. 아들 병구완비로 수억 원 이상을 썼다고 한다. 궁핍해진 가계, 이제 더는 버틸 능력이 없다고 판단해서인가. 오죽했으면 그 길을 택했을까. 복지예산과 국민 의료비로 백조 원을 쓰면서 장애연금은 고작 월 십여만 원이라니, 움직이려야 움직일 수 없는 이들은 그렇게 말라가고 있다.

17세 미혼모가 4개월 된 아이를 모텔 방에 혼자 두고 다른 친구들과 밤새 유흥가에서 놀았다. 다음날 새벽이 되어서도 아이를 깨우기 싫다고 다른 곳으로 옮겨 술을 먹고 잠들었는데 아침에 아기는 숨져 있었다. 아이 아빠는 동갑으로 교도소에 수감 중이었다. 그뿐이랴, 미혼모의 엄마 역시 미혼모로 소녀는 아버지의 얼굴을 본 적이 없고 엄마마저 연락이 끊긴 상태였다. 누가 이 아이에게 돌을 던질 것인가.

보조금을 한 푼이라도 더 타내려고 우후죽순처럼 시위하는 오늘, 남의 일 정도는 백안시한 지 이미 오래. 온갖 수단을 동원하여 얻어낸 결과물이 흡사 자신만의 과시물이라도 되는 양 대문짝만한 명함을 걸어놓고 때를 기다리는 작태. 소리조차 한 번 지르지 못하고 묻혀 있는 비하인드 스토리들은 오늘도 말라가고만 있다.

> 잠시 들렀다 가는 길입니다
> 외롭고 지친 발걸음 멈추고 바라보는 빈 벌판
> 빨리지는 겨울 저녁 해거름 속에
> 말없이 서 있는 흠 없는 혼 하나
> 당분간 폐업합니다
> 이 들끓는 영혼을 잎사귀를 떼어버릴 때
> 마음도 떼어버리고 문패도 내렸습니다
> 그림자 하나 길게 끄을고
> 깡마른 체구로 서 있습니다
> ―장석주의〈겨울나무〉중에서

들판에 서서 두 팔을 벌리고 서 있노라면 계절의 정서는 이미 사라진 지 오래, 노루 꼬리만 한 흔적만 남기고 지나가는 12월, 숱하게 말라가고 있는 것들이 비단 저 갈대뿐이랴. 실낱 같은 희망 하나라도 찾으려 갈잎 사이로 비치는 겨울 햇살 그림자를 슬쩍 훔쳐본다.

강변 풍경

'앉아서만 고민하지 말고 밖으로도 나가 봐!'

지우고 보태도 늘 그 자리만 맴돌고 있을 뿐이다. 수차례 퇴고를 하였으나 더 나아지지 않는다. 자리를 박차고 일어난다. 사위를 분간 못 할 어두운 시간인데도 모두 어찌 저렇게 찬란하기만 할까.

차를 내몬다. 어디로 갈까. 바다가 보이는 풍경, 복작대는 도시의 인파 속. 며칠간이라도 일상을 벗어나고 싶다. 우주공간으로 갈 수만 있다면 행성 사이를 훨훨 날아보고도 싶다. 혼탁한 도심보다 조용한 곳이 좋을 듯하다.

불현듯 생각나는 곳. 천둥벌거숭이처럼 쏘다니다 강변을 지나오게 되었다. 강가에 노을이 비쳐 희끄무레한 모습의 그 레스토랑. 간판의 불이 밝았다면 그렇게 가슴에 남아 있진 않았을 것이다. 언젠가 꼭 들르고 싶었던 곳이었다.

노을 속에 비친 풍경은 미완. 자연의 이치에 고개를 숙여 은은하게 존재하였다. 평소 가슴속에 지향하는 목표가 그 풍경으로 다가왔다. 설핏 지나치며 다음을 위한 기대감으로 둔 그 자리가 비로소 생각난 것이다.

오늘 그 모습이 어떻게 다가올까. 지금은 다급하고 흥분된 상태를 위로해 주는 곳이 필요하다. 그것이 환경이든 사람이든 누구를 만나더라도 매달려 가슴을 열어보고 싶은 심정이다. 인연이 된다면 오랫동안 가슴속에 각인되어 위안을 줄 것이다.

밤새 흩어져 있던 단어들을 조합하여 이리저리 굴려 보았다. 완성된 첫 작품에 보내온 알 수 없는 미소를 잊지 못한다. 내면과의 처절한 싸움에서 승리한 전리품이었지만, 세상 밖에 나온 것은 한갓 종이쪼가리에 놓인 깨알 같은 흑점들뿐. 늘 마지막이란 생각으로 전투에 임하곤 한다.

야외에 전시된 조각품엔 더께가 덕지덕지 붙어 있다. 꽃이 지고 있는 평상 아랜 개까지 짖어댄다. 돌아서 나오려는데 한 남자가 불편한 다리로 걸어 나온다.

실내엔 매캐한 연기가 가득하다. 한기가 있다고 갈탄 난로에 마른 가지를 넣고 있단다. 분명함이 없는 나의 글쓰기의 채도, 늘 뿌연 저 연기처럼 혼탁하다. 약한 편도선에 반응이 온다. 마른기침을 하자 사방 문을 열어 공기를 환기한다. 비로소 실내 공기가 맑아지며 눈을 뜰 수 있다.

여느 레스토랑 못지않게 잘 꾸며져 있다. 누군가의 미술작품을 가져다 놓았는지 벽 중간마다 걸려 있다. 제목과 작품을 대조해 보니 연관되는 것 같기도 하고 먼 것 같기도 하다. 나는 늘 제목 정하기에 궁색하다.

그중 중앙에 있는 곳에 시선이 머무르는데 둔기로 머리를 한 대 얻어맞은 기분이 든다. '강변 풍경'. 작품의 제목이자 레스토랑 간판 이름이었다. 거기엔 내가 늘 고민하던 소재와 주제가 있었다. 50호 크기의 작품 속엔 인파들이 북적댄다.

아, 저렇게 숨어 있구나. 화려하진 않지만 작품 속의 손님과 주인, 종업원 모두 웃고 있다. 빈자리가 없다. 늘 꿈꾸어 오던 희망사항일까. 한 가닥이라도 잡으려는 내게 눈이 번쩍 뜨인다.

얼마 전 끝났다며 개인전 팸플릿을 내민다. '강변 풍경'이 자리 잡고 있다. 자기의 얼굴이라고 한다. 나의 성급한 판단에 가위표를 던진다. 그는 오늘 누군가를 몹시 기다렸다고 한다. 나 또한 누군가를 찾으려고 방황하지 않았던가.

평소 꿈꾸었던 공간을 만들려다 과욕을 부려 다리까지 수술하게 되었다는 것이다. 그의 작품엔 제목이 '꿈'이 많다. 꽃과 유년의 어우러짐이 적절히 조화되어 정제된 꿈을 꾸는 듯한 소재들이다. 현실이든 내면의 세계든 결국 모든 것이 꿈으로 연결된다고 한다.

'자연과의 친화나 꿈의 공간에서만 맑고 밝아지는 내면의 언어들이 이 삭막한 현실에서도 반짝인다'라는 평을 본다. '어린아이와 같은 그림을 그리기 위해 오십 년의 세월을 바쳤다'는 피카소의 얘기를 하며 이순을 넘긴 그는 수줍음까지 탄다.

도심을 떠나 자연에 귀의함은 누구나 한 번쯤은 가져 보는 소망이 아닌가. 머뭇거리고만 있는 이들에게 채찍질하는 듯하다. 마음만 가지는 것은 자기에게 비겁한 일이라고 그는 말한다. 아, 나의 습작기는 남의 흉내만 내는 뜬구름 잡기의 행각이었다.

"왜 혼자 오셨어요?"

"그럼 선생님은 그림 작업을 할 때 여럿이서 합니까?"

오늘 탈출해 온 연유를 차마 꺼내지 못해 웃으면서 회답하였다.

돌아서 나오며 바라보는 정원 풍경은 오밀조밀하게 잘 꾸며져 있었다. 건물을 에워싸고 있는 각종 계절 꽃과 정원수의 조화, 거기다 누가 보던 말든 서 있는 조형물은 다시 찾을 것을 확인해 놓기에 충분하였다.

그의 작품은 순수 야생의 자연을 꿈꾸는 것이라고 덧붙였다. 온실 속의 난을 키우듯 인공을 가하면 진실이 없다고 했다. 책임 못 질 꽃도 일부러 키울 필요가 없다며 이곳 저곳 갖은 꽃들을 심어라고 입을 대던 주위의 말을 듣지 않았다고 한다.

"다음에 혼자 와도 되죠."

그는 손을 흔들고 있다.

$$12 \div 1 = 12$$

오전 6시

후다닥 일어났다. 알람도 울리지 않을 게 뭐람. 불현듯 지난밤을 되뇌어 보았다. 친구의 문자, '오늘은 불타는 금요일!' 동료들과 나눈 인사 '주말 잘 보내세요.' 아차! 오늘은 토요일이지. 다시 이불을 끌어당겼다. 이리저리 뒤척여 보는데 허리가 아팠다. 이럴 줄 알았다면 어제 친구와 만나 술이라도 한잔하며 한 주 동안 쌓였던 피로라도 풀었을 텐데, 답하지 않은 문자들이 삐뚤빼뚤 춤을 추고 있었다.

7시

아내는 출근하지 않은 걸 아는지라 미동도 없다. 손자가 엊저녁엔 유난히도 보채는지라 분명 늦게 잠자리에 들었을 터, 조용히 몸만 빠져나온다. 이글루처럼 동그란 이부자리가 몸부림치지 않은 어젯밤을 이야기해 준다. 역시 밤엔 속을 비워야 해. 습관처럼 신문을 펼쳤다. 이산가족 운운하더니 저쪽의 거부! 이쪽의 답은 자기들의 선제공격을 놓쳐서 그렇단다. 냉가슴을 가진 이들의 웅웅거림 속. 자식에게 책임지우기 싫어 동반 자살한 치매 가족의 눈물. 차라리 보지 않았더라면 좋았을 텐데.

8시

한 주 동안 제대로 도와주지 못한 청소를 했다. 이 시간쯤은 아이가 이미 두어 번은 배가 고파 울 터인데 늦게 자다 보니 아직, 문틈으로 보이는 새근거리는 얼굴. 누가 우리에게 보내주셨는지 저 하얀 동그라미가 그저 고맙기만 하다. 요즘은 자꾸 눈에 검정 물이 들어가는 것 같아 차츰 두려움이 앞선다. 부추기는 온갖 매체들이 아이를 가만두지 않는다. 흐트러진 장난감, 가습기 대용 빨래, 구겨진 손수건과 바지들을 주섬주섬 주워 다림질까지 마친다.

9시

드디어 아이의 울음소리. 허 고놈 참, 오늘은 많이도 잤네. 부스스 일어난 아내는 연신 손을 입에 대며 늦게 잤다고 우유 먹이고 더 재워야 한다고 모든 소리를 낮추란다. 아이가 오면서부터 온 집안의 소리는 그저 깨금발. 서둘러 쌓인 그릇들 설거지를 한다. 잘 지워지지 않는 기름때들, 끈질긴 인연, 이 더께를 지우며 아내와 만난 지 서른 해를 훌쩍 넘기고 있다. 삼 남매는 어느덧 제 밥벌이를 하고 나는 직장을 아내는 손자 양육, 각자 자기 일을 맡고 있는지라 집안일은 특정한 누군가 책임지고 하도록 정해진 것이 아니라 각자 알아서 하는 터였다. 냉장고를 뒤집어 보니 미처 갈무리 못 한 것들, 자기 차례를 기다리다 축 처져 있는 것들이 몇몇 있다. 아내의 손길이 닿은 것은 쓰레기통으로 직결한다. 이야기하면 아직 기간이 남았는데 아깝다고 볼멘소리가 나올 게 뻔하다. 청국장 끓는 소리가 종소리처럼 들린다.

10시

늦은 아침을 먹는다. 아이도 이젠 완전히 일어나 거든다. 뜨거운 뚝배기 옆을 조심스레 숟가락을 댔다 떼곤 한다. 하지 말란 것보다 왜 그럴까를 숙지시켜야 한다. 매운 김치를 입에 대더니 이내 눈물을 흘린다. 아내는 보호파, 나는 실험파. 그러다가 아이가 다치기라도 하면 어찌할 거냐며 호들갑이다. 아이가 흘리고 다니는 밥알로 온방이 어지럽다. 하지만 이 녀석이 오고 나서부터 웃는 시간이 많아졌다. 주말과 퇴근 후 회식이 많았는데 서둘러 집으로 들어오는 것을 보고 지인들은 집에 꿀을 발라놓았다고 핀잔을 주기 일쑤였다.

11시

평소 바쁘다는 핑계로 지인들의 대소사에 부조 봉투만 전달했는데 오늘은 그동안 만나지 못한 친구와 안부도 물을 겸 결혼식장을 찾았다. 남녀 친구들이 모두 반짝이는 용모로 나타났다. "어허, 누가 장가 시집가는 줄 모르겠네." 너털웃음을 날리며 나누는 한 잔 술은 그야말로 달짝지근하였다. 엊그제 결혼한 것 같은데 벌써 자식을 출가시킨다며 세월의 덧없음을 나누는 이들의 눈가엔 어느덧 주름이 잡히고 중년의 원숙미가 깃들어 있었다. 장소를 옮기자며 이끄는 손을 겨우 물리치고 오랜만에 시내행 지하철을 탔다.

12시

아직은 이른 시간인지 평소 보고 싶었던 영화 티켓을 구할 수 있었다. 상상이 현실로 바뀌는 순간을 한컷 한컷 이어가는 광경을 보며 실천에서 멀어지고 있는 새해 구상을 가만히 당겨보았다. 엉킨 타래를 올해는 꼭 풀어봐야 할 텐데. 중고서점엘 들렀다. 한때는 히트작이 지금은 유행 지난 패션물로 줄줄이 제2의 전성기를 꿈꾸고 있었다. 잊히지 않기를 기대했는지도 모를 일이다. 거기서 나도 만났다. 얼마나 기대하고 설레던 첫 작품집이었던가. 그 표피가 공중파 방송을 타고 전국에 퍼져나갔을 때 하늘을 날 것 같았던 그 활자체들. 하지만 그건 하나의 바람일 뿐이었다. 내 속에 꿈틀거리는 상상과 드러나는 현상은 아직도 먼 나라 이야기. 단지 남에게 보여주는 얇은 지식은 언젠가는 바닥이 드러나는 법. 더욱 성숙하기 위해 나비가 날개를 털 듯 고치 속에서 더 많은 양분을 축적하며 웅크려야 하는 것을 나는 너무 세사에 휘말려 있었다. 저기 퇴물처럼 꽂혀 있는 나의 분신처럼.

1시

구제 의류센터를 들른다. 한 달에 한 번, 많으면 두 번 정도 들르는 이곳은 한때 시내의 중심가였다. 서점들로 가득 차고 음악다방들이 즐비하여 젊은이들이 어깨로 부딪히는 곳, 뒷골목엔 학사주점으로 밤낮 청년들이 휘청대던 곳이었다. 지금은 그들이 모두 노인이 되어 이 거리를 지키고 있었다. 예의 청년들은 눈을 씻고 봐도 없고 일류 멋쟁이 노인들이 모인다는 골목. 얼핏얼핏 일면식 있는 이들과 가벼운 묵례로 답하며 들르는 곳. 중년 패션의 골목, 요즘 셔츠 한 장 가격으로 온몸을 치장할 정도로 주인을 기다리는, 비록 주인에게 한 번 버림받았던 물상들을 자기 몸에 맞춰보며 대리만족을 한다.

2시

시내에 나오면 들르는 주막집, 예전 자주 가던 단골집은 언제부턴가 슬며시 간판이 휴대폰 가게로 바뀌었다. 보금자리를 잃은 듯 방황했다. 시내에 어디 만만하게 갈 곳이 있던가. 젊은이들로 북적거리는 중심가를 벗어나 변두리를 찾던 끝에 발견해 낸 생선구이집, 그곳엔 늘 또래 이상 되는 이들이 진을 치고 있었다. 한때는 시내를 주름잡았던 그들이 불콰해진 얼굴로 소주잔을 기울이는 곳이었다. 여러 인생을 듣고 보는 건 시내 나들이의 보너스다. 그러다 막걸리 몇 잔, 잔 속에 내 얼굴이 커져 보이기 시작한다. 어제 저녁 답하지 않은 친구에게 문자 메시지를 보낸다. '지금 어데 있노?' 답이 당최 오지 않는다.

4시

옷 보퉁이와 서너 권 책의 무게는 내 살아온 나이 무게보다는 가볍다. 버스 마지막 자리를 차지한 불어터진 몸피! 이제부턴 차창 밖에 펼쳐지는 바깥 풍경 감상이다. 족히 집까지 한 시간 이상 걸리는 거리를 그저 눈을 감고 간다는 건 서글픈 일. 이어폰에서 흘러나오는 음악이 마음의 끈을 잇고 있다.

> 니가 없는 거리에는 내가 할 일이 없어서
> 마냥 걷다 보면 추억을 가끔 마주치지

떠오르는 너의 모습 내 살아나는

그리움 한 번에 참 잊기 힘든 사람이란 걸 또 느껴지는 하루

따르릉 친구에게 문자가 왔다.
"엊저녁부터 네 이름 잊었다."
"흠흠흠 그럼 나도 답답할 건 없지, 잘 있어. 담 주까지 나 없다."
짧은 침묵이 이어진다.
"사실은 나 오늘 모임이 있어, 담 주에 만나."
흠, 그럼 그렇지. 알량한 자존심 하나가 또 들썩인다.

오후 5시

물먹은 솜처럼 처진 몸으로 보따리를 쥐고 오느라 손가락에 핏줄까지 맺혔다. 집으로 들어오니 먼저 맞는 건 손자다. 손에 든 것 중 자기 것이 없는 건 알아차렸는지 이내 돌아서 버린다. 새우깡 하나라도 들고 올걸. 아내도 눈을 살짝 흘긴다. 아뿔싸! 온종일 나 혼자만의 시간이었구나.

방에 들어오니 아침에 일어날 때 그 시간이 그대로 멈춰 있었다.

아이, 자라목이 되다

아이의 목이 늘어났다. 아직도 믿을 수 없어서인가. 기다리려 해도 오는 사람이 없고 만나려 해도 찾아갈 사람이 없었던 아이, 볼 때마다 욍눈이 개구리처럼 눈이 부어 있던 아이, 아이는 연신 창밖으로 목을 빼고 있었다.

달리기를 자주 한다고 했다. 엄마와 아빠가 생각날 때는 만화 속 주인공처럼 운동장을 몇 바퀴 돈다고 했다. 딸꾹질이 멈춰질 때까지 울다 지치기도 했단다. 아이는 웃자란 콩나물처럼 늘 흔들렸다.

아빠를 만나게 해준다고 했다. 어쩌면 이젠 아빠와 계속 같이 살 수도 있다고 했다. 이번에도 아이는 반신반의했다. 자기의 장래에 대한 주위의 말에 숫제 귀를 막고 싶다고 했다. 친구를 사귀는가 싶으면 거처를 옮겨야 했다. 삼 년 동안 초등학교 전학을 세 번이나 했다. 어른들의 지키지 못한 약속에 불신의 골이 더없이 깊어만 갔다. 하지만 지금은 진짜 아빠를 만나러 가는 길이다.

일 년에 한두 번 아이를 만났다. 갈 때마다 지역이 달랐다. 여름방학 때는 전라도 쪽, 겨울방학 땐 충청도, 그다음 해엔 경상도 북부 쪽을 다녔다. 그때마다 잘 지내니 걱정하지 말라고 제법 어른스럽게 안심시켰다. 하지만 달력에 동그라미를 몇 번씩 치면서 기다린 흔적이 역력했다.

방학을 맞아 경주 박물관엘 데려간 적이 있었다. 박물관 앞마당에서 목 없는 돌부처를 보았다. 목 없는 부처는 한낱 돌덩이로 밖에 보이지 않았다. 균형이 깨어졌다고 할까. 당연히 있어야 할 곳에 없다면 그건 의미가 없다. 만일 자기 것이 아닌 다른 것이 얹혀 있다면 자리매김하는 데 수많은 시련이 따를 것이다. 아니나 다를까 아이는 기겁을 했다. 아이의 마음과는 달리 시인은 친절하게도 노래하였다.

여름방학을 맞은 초등학생들
조르르 관광버스에서 내려
머리 없는 돌부처들한테 다가가
자기 머리를 얹어본다.
소년부처다

누구나 일생에 한 번씩은 부처가 되어보라고
 부처님들 일찍이
자기 목을 잘랐구나
　　　　　－정호승의〈소년부처〉중에서

　부모의 이혼으로 아이는 할머니와 절에 들어가 살고 있었다. 그런데 운명의 신은 외면이라도 했단 말인가. 불의의 사고는 아이로부터 할머니를 빼앗아 갔다. 다행한 일은 생전에 손녀의 길을 정해 후견인을 정해둔 것이었다. 하지만 돌봐 주는 사람도 종교단체에서 일하는 이라 발령이 날 때마다 여러 지방을 옮겨다녀야 했다. 아이를 만날 때마다 말투가 달라져 있었다.

　수년 동안 아이의 아빠는 오리무중이었다. 간혹 피곤함에 지쳐 전화기로 들려오는 목소리뿐. 어디에 있는지 어떻게 사는지 더 묻지도 물을 수도 없었다. 할머니의 부음 소식을 듣고 달려온 몰골을 보고 아이조차도 고개를 돌렸다. 그러면서도 아이 아빠는 여러 친지 앞에서 초등학교를 졸업하기 전에 데리러 올 것이라고 눈물의 약속을 했다.

　또래들이 부모에게 어리광을 부릴 동안 아이는 홀로 있었다. 작고 작은 조각들을 하나씩 가슴속에 간직하며 삭혀야 했던 그리움과 분노들. 마음속에도 얼룩이 커질까 만날 때마다 걱정이 되었다. 아니나 다를까, 아이는 드러내 놓길 꺼렸다. 우유부단한 성격으로 바뀌기 시작했다.

  초등학교 마지막 겨울방학. 아이의 아빠를 수소문하여 찾았으나 조금 더 기반을 잡아야 데리러 갈 수 있다고 했다. 더 자라서 눈물 흘리지 않게 하기 위함이요, 그동안 애절하게 그리움을 삭혔을 어린 마음을 한 번이라도 생각해 보았느냐고 했다. 아빠는 묵묵부답이었다.

  언젠가 아이가 있는 절에 갔을 때였다. 같이 있는 시간이 그렇게 빨리 지나가고 돌아서 나오려는데 불쑥 내뱉았다.

  "아빠가 데리러 온다고 했는데, 그 약속 잊어버렸는가 봐요."

  그동안에라도 아이는 피붙이에 대한 미련을 버리지 못했던가. 그렇게 싫다고 밀어내던 아빠를 만나고 싶어 하던 아이의 모습은 더는 외로워지기 싫단 말이 아닌가. 아이와 약속했다. 어떤 일이 있어도 꼭 다시 만나게 해주겠다고, 고개를 끄덕이는 눈 속엔 그동안 참았던 설움들이 그렁그렁 맺혀 있었다. 돌아나오며 기둥 뒤에 숨어 바라보는 모습, 흡사 물속에 있던 거북이가 모가지를 길게 쭉 빼는 형상 그대로였다.

  어디까지 왔느냐고 아이의 아빠에게서 전화가 왔다. 그 소리에 자는 척 뒷자리에서 눈을 감고 있던 아이가 반짝 눈을 뜨더니 "우리 아빠예요?"라며 호들갑을 떨었다. 차창 밖을 내다보고 있었다. 그리워해도 만날 수 없었던 움츠러들었던 목은 어딜 가고, 아빠를 만난다는 기대감에 아이의 목은 고가사다리처럼 점점 길어져만 갔다. 아이에게도 미안했다. 그동안 키다리 아저씨 역할을 옳게 해주지 못한 죄책감에 차창 밖을 바라보는 아이의 목을 바라보니 눈에 뿌연 그 무엇이 가로막았다.

  가속 페달에 힘을 주었다.

정전, 분홍신…, 몸살

 갑자기 주위가 캄캄해지며 사위를 분간조차 할 수 없었다. 매일 바라보던 것들이 일시에 시야에서 사라져버렸다. 나무도 보이지 않고 뻐꾸기 소리조차 어디로 숨어버렸는지 들리지 않았다. 누구라도 불러보고 싶었지만 입안에서 맴돌 뿐 밖으로 나오진 않았다. 일시에 자연은 정전이 되어버렸다.
 날씨가 심상찮다고 산행을 말리던 아내의 얼굴이 겹쳐져 왔다. 봄철인데도 우기가 잦았다. 예고 없이 찾아오는 불청객은 미리 대비하지 않으면 치명타를 입는다. 혼자서 너무 이른 시간과 야간 산행은 늘 조심해야 할 일이다. 더군다나 얼마 전부터 신체 리듬이 맞지 않아 맞물린 기어처럼 꽉 짜인 도심에서 탈출해 있는 상황이 아닌가.

공포영화 하나가 떠올랐다. 그 많은 영화 중 하필 그걸 선택했을까. 포스터에 흐르는 알 수 없는 소리에 이끌렸다. 주인 없는 분홍신을 신어 보려고 많은 이들이 아귀다툼을 하고 있었다. 어린 아이, 여학생, 숙녀까지…. 그럴 때마다 신발은 저주했다. 분홍신을 신고 프리마 발레리나가 되어 춤을 추며 자랑하고 싶은 인간의 질투와 욕구는 여지없이 화를 당하였다. 끝없는 욕망을 근본까지 뿌리째 뽑아버리기라도 하듯 분홍신은 덫을 놓고 계속 유혹하고 있었다. 눈으로만 보던 공포가 소리로 온 감각을 자극했을 때 전신은 오그라들었다. 오죽했으면 '잔혹 동화'라고 했을까.

괴기나 공포 영화를 싫어했다. 심장도 약하지만, 모든 일에 너무 쉽게 동화되는 감정 탓도 있었다. 상영되는 내내 무언가 끄나풀을 잡아보고 싶었으나 가닥이 잡히지 않았다. 주인 없는 분홍신만 자꾸 나를 끌고 있었다. 지나친 부정에선가. 슬며시 신어 보고 싶은 욕망이 생겼다.

그런 영화의 한 장면이 일어나고 있다. 언제부터 이렇게 약해졌는가. 어릴 적부터 아이는 무섬을 잘 탔다. 담력 시험을 한다고 친구들과 비 오는 날 밤 '공동묘지에 말뚝 박기' 놀이를 한 적이 있었다. 겁쟁이란 오명을 벗기 위해 아이는 도전을 했다. 그러나 도랑을 건너다 공동묘지에서 원인 모를 번쩍이던 불을 보고 놀라 되돌아오고 말았다. 왜 진작 그 병증을 고칠 방도를 생각지 못했을까. 그 순간을 정면으로 맞닥뜨리지 못하고 언저리만 맴돌며 살아왔던 것 같다.

환상을 지우려고 머리를 흔들어 봐도 자꾸만 어른거렸다. 거부하면 할수록 더 크게 다가왔다. 산비둘기가 먹이를 달라고 부리로 공격을 하고, 멧돼지가 저돌적으로 밀고 올 것 같았다. 늘 다니며 걸음을 멈추었던 묘지 중간에 박혀 있는 아카시나무가 뽑히면서 산발한 귀신이라도 나타날 것만 같았다. 얼마 전 동네 노인이 산에 갔다가 귀신 소동으로 구급차 들것에 실려 내려온 일이 생각났다.

바람처럼 하늘나라로 가버린 친구 부부가 길을 막고 있는 것 같았다. 그래도 지역에선 내노라 하던 부동산업자가 아니었던가. 얼마 전부터 이상한 말을 할 때도 그 내막을 알지 못했다. 그들은 노부모와 아이를 두고 책임 없는 선택을 해 버렸다. 그날이 있기 며칠 전부터 주위의 모든 친구에게 십시일반 돈을 모았다. 영문을 몰라 호된 소리를 했다는 친구도 있었다. 그렇게 모아 통장을 만들어 유서와 함께 아이에게 남기고 떠났다. 영문을 몰랐던 이들은 얼마나 원망과 회한의 눈물을 흘렸던가.

내부에서도 분란이 일어났는지 심한 역겨움을 느끼며 딸꾹질이 일어났다. '도대체 여기가 어느 지점쯤 될까.' 눈을 감고 형상을 헤아려 봤지만 어지럼증만 더했다. 영화의 한 장면이라면 돌이킬 수도 있으련만. 흐린 감각만으로 탈출하기엔 시간이 너무 걸릴 것 같아 앞을 향해 무조건 내닫기 시작했다.

발아래 걸리는 돌부리와 가시는 무시해야만 했다. 간혹 허공에 '붕' 뜬다는 기분으로 땅에 발을 내디뎠을 때는 여지없이 넘어졌다. 탈출해야만 살 수 있다고 수없이 되뇌었다. 여기서 내 인생이 중단된다면 너무 억울한 거야. 아직도 해야 할 일이 많은데, 여러 얼굴이 겹쳐졌다. 뒤에서 보이지 않는 손이 다가와 뒷덜미를 잡을 것 같았다. 온갖 아비규환의 목소리가 들려오는 듯했다. 돌아보면 모든 것이 정지되고, 그대로 돌이 될 것만 같았다.

이건 분명 일시적 정전일 뿐이야. 그렇지 않고 어떻게 모든 물상들이 사라진단 말인가. 하지만 사라진 것이 언제 되돌아올지 모를 예고 없는 정전이 아닌가. 도심 속에 정전이 일어나면 어떻게 될까. 아이들은 더는 냉장고 문을 열지 않을 것이다. 세상의 종말이 도래하였다고 인간은 절규할 것이다. 냉동된 인간은 자신도 모르는 사이에 아이스크림처럼 녹아내릴 것이다.

고운사 벽면에 그려진 호랑이가 노려보고 있었다. 제왕의 시선은 어디를 가더라도 같은 방향으로 따라다녔다. '아무리 뛰어 봐야 내 손 안에 있다'라고 하듯 당장이라도 포효할 자세였다. '무얼 하고 있어. 모든 아집과 욕망을 다 떨쳐버려야 해, 그래야 넌 여길 탈출할 수 있어.'

어디쯤일까. 시간은 얼마나 흘렀을까. 등산화의 끈은 풀어져 밟히고 있었다. 구름 속에 가려졌던 태양이 다시 나타났음인가. 영화가 끝이 나고 모든 공포는 밝으면 안으로 숨어 버렸다. 수많은 이름의 알갱이들이 하늘로 올라가고 있었다. 저들이 거기에 숨어 있었단 말인가. 구름이 걷히듯 앞쪽에서 뿌옇게 안개 문이 보였다. 자연은 일시에 다시 제자리로 돌아왔다. 긴 터널을 지나온 느낌이었다.

　눈을 뜰 수가 없었다. 가리고 있었던 안대를 풀 듯 천천히 뒤를 돌아보니 내달은 길은 짧은 거리였다. 거기를 달려오는 데 살아온 내 시간을 모두 허비한 느낌이었다. 그 날 이후 사흘 동안 몸살로 몸져누워 있었다.

3부
애기똥풀 꽃에게

녹차 라테

"라테가 뭐예요?"

녹차 끝에 '라테'라고 꼬리가 달린 것이 생소했다. 우유였다. 순간 당황했다. 목구멍을 타고 내려가면 불과 수초 만에 내부에선 천둥소리와 함께 전쟁이 일어나고 만다. 바나나 우유나 딸기 우유처럼 혼합된 것은 괜찮다. 녹차와 우유를 섞으면 괜찮을 것이란 생각이 들자 조심스럽게 주문했다.

힐끔거리며 제조하는 과정을 봤다. 예술작품이라도 만드는 양 표정이 진지했다. 그렇게 바라보다 하마터면 소리를 지를 뻔했다. 컵 윗부분에 화산재처럼 뭔가 엉켜 있었다. 흰색 생크림이었다. 순백의 두려움, 내게 순수함은 어울리지 않는단 말인가. 잘못된 선택이 아닌가 하고 후회했으나 이미 완성하고 난 뒤였다.

컵 내부를 바라보니 언젠가 여행하다 만난 아침 산이 떠올랐다. 산 위에서 내려다보는데 유난스레 운무가 짙게 깔려 있었다. 산중턱 아래는 구름이 덮여 아무것도 보이지 않았다. 그때 우뚝 선 제왕의 기분보다는 무인도에 홀로 남아 있다는 생각이 들었다.

요즘 커피를 멀리하고 녹차를 가까이하게 되었다. 자극적인 음식은 내 몸에 맞지 않는다고 주위에서 적극적으로 만류하던 터였다. 금하면 오히려 더 당기는 법인가. 눅눅한 날 어디서 커피 향이라도 나면 견딜 수가 없었다. 공복 상태에 후각을 자극하는 음식 냄새라고나 할까, 게슴츠레한 눈과 벌름거리는 코가 커피 향에 빨려 들어갈 지경이었다. 그럴 때마다 고급 커피는 고양이 분비물로 만든다는 역겨운 생각을 떠올렸다.

툭하면 탈이 나는 속 때문에 장거리 여행도 자주 가지 못했다. 낯선 것에 대한 기대감과 설렘은 뒤로하고 구석에서 고통을 느낄 때는 비로소 후회했다. 예전에 독한 것을 먹고 마실 땐 미처 몰랐다. 하여 속죄하는 기분으로 요즘은 온갖 자극적인 것으로부터 벗어나 나를 다스리고 있다.

그날은 카페에서 친구를 기다리던 중이었다. 전화를 하니 그는 약속한 시각보다 일찍 나왔느냐고 퉁명스럽게 말했다. 남의 속도 모르고 구박을 받는 것 같아 차라리 돌아갈까도 생각했다.

우린 한때 살가운 사이였다. 급한 일이라도 일어나면 언제나 먼저 달려와 주었고 둘이 하나처럼 붙어 다녔다. 그러다 나는 바람

빠진 풍선처럼 몸과 마음에 병이 생겼다. 하던 일을 성근 플라스틱 바구니에 마른빨래라도 주워 담듯 챙기고 나는 변두리로 나왔다. 반면에 그는 뒤도 돌아보지 않고 앞으로만 나가고 있었다. 평소 몸 관리를 잘해야 한다며 연락하기도 하고 몇 번이나 만나려 했으나 그럴 때마다 그는 냉랭하기만 했다.

며칠 전 친구의 영정사진 앞에서 그를 만났다. 무언가에 쫓기는 듯하고 주눅이 든 그의 모습을 봤다. 간간이 그의 소식을 들었다. 병원에서도 휴식을 취해야 한다고 했단다. 그 말을 무시하고 요즘 정신을 잃을 만큼 자신을 학대하며 목소리가 높아지고 있다고 했다. 자기만은 예외라고 생각했을까.

녹차와 어울린 우유의 색, 언젠가는 크림 위로 용솟음칠 푸른 울렁거림. 이 위기만 지나고 나면 우리의 시대가 다시 올 것이라고, 지나간 영광은 이젠 추억 속으로 덮어버리자고 힘차게 껴안아주고 싶었다.

거품을 비집고 빨대로 조심스럽게 빨았다. 입안에 확 퍼지는 순간 형언할 수 없는 조화. 소금 기둥 같았던 내 마음도 차츰 허물어지고 있었다. 내 속내는 혼합된 이 앙상블처럼 그를 향한 기다림으로 간절했다.

길 건너에서 신호등을 기다리는 그의 모습이 보였다. 피곤에 지친 중년 사내 하나가 주머니에 손을 푹 찌르고 말뚝처럼 서 있었다. 서둘러 '녹차 라테' 한 잔을 더 주문했다.

선택받지 못한 것들
-잡초를 뽑으며

'싫어요, 안돼요!'

아우성에도 아랑곳하지 않고 움켜쥔 손아귀에 힘이 더 들어간다. 봉두난발한 채 이리저리 몸을 내맡기는 비정규직의 몸부림 같다. 짧은 기간의 영광, 또 힘없이 무너진다. 아무리 발버둥쳐도 강한 자 앞엔 속수무책이다. 그렇게 살아왔고 계속 이어질 것이다.

비 그친 뒤 우후죽순처럼 고개를 드는 잡초들, 존재의 가치를 무색하게 한다. 신이 내린 영토, 삼라만상은 누가 주인이고 객인가. 사용권자의 권리, 어쩌랴, 그 밖에 있는 것까지 덤터기를 쓰고 있다. 홀대받는 것들이 무질서 속에서 무수히 쓰러진다.

모호하다. 지천에 깔린 것이 식용이고 약용인데 기호에 따라 먹거리로 선택될지 않을지가 구분된다. 홀대받던 것이 치료약으로 건강식품으로 인기몰이를 하는 것을 보라.

잎과 줄기에 가시가 있어 살갗에 닿으면 긁히는 환삼덩굴의 어린순은 나물로, 전초는 고혈압에 좋다. 뿌리가 깊어 어릴 때 뽑아내지 않으면 다른 작물의 양분을 죄다 빼앗아 가는 달맞이꽃의 어린순은 나물로, 그 씨는 기름을 짠다. 매운맛이 나는 여뀌조차 약용으로 쓰이며 온몸에 잔털이 나 있는 이질풀도 혈액순환에 좋다고 하니 잡초 하나도 버릴 게 없다.

어떤 이는 교통정리라도 하듯 극한상황으로 치닫는다. 농약방에서도 판매를 자제하는 맹독성 백색 가루를 작물에 뿌려댄다. 전쟁 후유증으로 아직도 온몸에 상흔을 가진 고엽제 피해자의 인터뷰에 녹진하게 묻어난 반세기 전의 슬픔. '모기 퇴치약인 줄 알았지, 그래 몸에 발라 긁어댔지….' 신 김치를 씹듯 미간을 찌푸렸다. "아따 그 밭 깨끗하네. 한동안 잡초랑 벌레 걱정 없겠네 그려."

먹거리의 주인은 백화점과 도심의 대형마트에 진열되어 예쁘고 균형 잡힌 것만 찾는 이들에게 줄 것이라고 했다. 세상에 홀대받는 것을 누가 손잡아 줄까 저어하기만 하다.

무슨 죄가 있는가, 도로 중간에 길게 누운 저 길고양이. 레미콘 차가 윙윙 바람개비를 돌리며 지나가고 커다란 눈을 껌뻑이며 소나타가 앙앙앙 손짓을 하며 마티즈까지 밟고 지나간다. 그 뒤에 논 물꼬 보러 가던 오토바이가 기겁하며 그 피탈 난 모습을 보고 아카시아 나무를 꺾어 사체를 이동시키고 있다. 무슨 인연인가.

참깨 파종 뒤 관절통 아래 헛배까지 불러 바로 일어서지도 못하는 상곡댁 아지매가 빈 비료부대에 걸터앉아 후여후여 하면서 비둘기를 쫓는다. 이 현충일 아침 나절에.

내 먹을 것이 아니니 알 바 아니다. 번듯한 것들만 고집하는 너희들의 잘못이잖아. '순간의 선택이 평생을 좌우한다'라는 말은 잘하면서 왜 그 무리 중에 보석을 찾지는 못하지. 꼴란 이력서 몇 줄을 놓고 선택하는 이 시대의 대명사들은 서너 사람만 거쳐가도 그 진실을 파헤칠 수 있는 초고속 시대에 왜 눈 감고 아웅하는, 변신 잘하는 무리를 옹호하는지 몰라.

둘러보라. 겨우 컴퓨터를 아는 아이까지 자기 정서에 맞지 않으면 첫눈에 화면을 바꾸어 버린다. 잡초를 뽑는 농군이나 책상다리 부여잡고 좌판을 두드리는 현대판 딸깍발이건 간에 불과 몇 초의 여유도 주지 않고 삭제키를 누른다. 이제 휴지통에 버려진 언어의 미학은 다시 주워담지 않는다. 줄기가 떨어지거나 뿌리째 뽑혀도 언젠가는 그 씨앗의 몸부림으로 재탄생의 의미 부여가 이루어지곤 했지만, 요즘은 숫제 온 들판이 살생의 가루다. 도심의 거리엔 표백제를 뿌린 지 오래다.

선택받지 못한 것 사이에서 들려오는 민초의 아우성이 높다. 예전 그 살가웠던 시절이 다시 그리워지는 건 한갓 농투성이의 변명일 뿐인가.

호박 찬가

이보시오 벗님네들 저기 물건 형색 보소
앉은키는 자그만데 배는 저리 처졌는가
대장 짓을 시키자니 내세우기 부끄럽고
말단으로 보내자니 얼굴 보기 창피하네

시골버스 올랐더니 뒷자리로 밀어내네
기사 양반 브레이크 눈치 없이 굴러가네
어린 것은 멍이 들고 늙은 것은 골병드네
가를 박고 모를 차며 빙글빙글 굴러가네

꽃 중에는 너를 두고 꽃 아니라 이르거늘

장미처럼 하나하나 향기조차 못 맡겠고
국화의 암향처럼 눈치조차 못 채누나
벌 잡기 놀이할까 자랑 못 할 통꽃이여

없는 듯이 가시 돋은 이파리는 또 어떤가
새색시의 섬섬옥수 흠 날까 봐 겁이 나네
장만하기 번거로워 먹기조차 귀찮다네
게으른 이 무용지물 여지없이 너로구나

팔공산 갓바위로 가을 마중 갔더니만
촌로들 바투 앉아 나립히 소리치네
그 모습이 아련해서 우선 두 놈 골라 드네
그러구러 구석에다 던져두고 지냈구나

며칠 지나 이상하여 아래위로 살폈더니
아뿔싸, 그중 한 놈 엉덩이가 허물었네
요모조모 살피지 않고 겉모양만 보았구나
버리자니 아까워서 화단 가에 던져두네

곰곰이 따져보니 탓할 일만 아니로세
하나 남은 성한 놈을 설경설경 칼질하여

생선 내장 비워내듯 속엣 것을 발라내니
피자 속 치즈처럼 억지로 딸려오네

구석구석 파내어서 모체 분리하렸더니
떨어지지 않으려고 바둥대니 애처롭다
설워 마라 인연들아 언젠가는 헤어질 걸
수를 다한 늙은 어미 잡는다고 역행될까

줄줄이 길게 썰어 오가리를 만들까
끊어지지 않으면 시집 빨리 간단다
말리고 말려서 깊은 독에 묻어 두면
정월 보름 이월이면 반찬 중엔 으뜸이라

호박떡 군데군데 붉은 꿀이 별미로세
팥에다 새알심에 눈물 찔끔 콧물 훌쩍
땀까지 흐르니 범벅 맛이 제일일세
여름 내내 빠진 기운 보약이 따로 없네

삭정이 연한 불로 솥뚜껑에 부쳐내니
불며 먹고 식혀 먹는 지짐이가 일품이라
꼭지 따고 꿀 부어서 통째로 푹 쪄내니

출산 후 부종에는 너 하나면 만사형통

지붕 위 채반에다 건듯건듯 말린 씨를
냄비에 볶아다가 까먹는 맛 재미로세
겉모습이 희다고 속도 흴 줄 알았더니
칠팔월 땡볕 아래 거뭇하게 되었구나

화단이 소란하여 얼른 달려 나가보니
허물어져 던진 것에 동네 미물 다 모였네
날개 달린 놈들은 들며 날며 취하고
걷고 기는 놈들은 퍼질러 앉았구나

대접 한 번 잘 받았다 돌아가는 모양 보소
하루살이 뽈록뽈록 달팽이 끄떡끄떡
개미는 뒤뚱뒤뚱 개구리는 헐떡헐떡
부러울 게 무어냐며 춤까지 추며 가네

잔치가 끝이 나니 씨들만 남았구나
지치고 힘든 그대, 올 한 해도 수고했소
근심걱정 모두 잊고 긴 잠 한 번 드시게나
몸 넓이로 구덩이 파 키 높이로 묻어주네

세상사 제아무리 험하다고 하다지만
눈속임 입속임 몸속임 하나 없는
너야말로 군자 중에 으뜸 군자
토닥토닥 두드려서 네 공을 칭찬하네

겨울 꽃밭에 서서

 바람이 이따금 서걱대며 다가온다. 꽃 없는 꽃밭에 서 있다. 텅 빈 밭은 그저 평행선일 뿐 몸을 세운 직선은 어디에도 찾아볼 수 없다. 키다리와 앉은뱅이가 다투던 때를 떠올린다.
 발밑에는 무수한 꽃이 숨어 있다. 털옷보다 더 포근한 흙이 그들을 따뜻하게 감싸고 있다. 겨울잠을 자고 털고 나올 동안 기다려야 한다. 그들이 내 가슴속에 자리 잡은 지 다섯 해가 지났다.
 땅을 샀다. 한 뼘을 눈에 대고도 잴 수 있는 넓이지만, 더는 남의 눈치를 보지 않아도 된다는 것에 마음이 설레였다. 밤새 분할했다. 고랑을 지어 꽃씨를 뿌리고 나무를 심으며, 낯모르는 여인에게 편지를 쓰듯 지우고 허물기를 반복했다.
 무슨 꽃을 심을까. 심고 가꾸는 것은 정착을 위한 몸동작이다.

여기서 이제 내 집을 두고 오랫동안 외도하며 살아온 과거를 둘러본다. 마음 떠난 곳에서 집을 잊고 사는 이들도 있으나 대개는 늘 그리워하는 이들이 많다.

영화 〈오래된 정원〉. 수십 년 동안 집을 떠나 있다가 돌아와 보니 사랑하는 이는 이미 먼 나라로 가버리고 역사와 현실은 온통 뒤바뀌어 있었다. 이미 피폐해지고 눈까지 덮인 오래된 정원에서 망연자실 서 있던 주인공의 마음은 어떠했을까

내 집은 과연 어디일까. 그 의뭉스러움에 얼마나 오래도록 시달려왔던가. 한 해만 살고 도시로 돌아가겠다던 곳이었다. 미련을 버리기 위해선 진정 내 집을 찾는 것이었다. 나를 붙들어 매기 위해서 씨를 뿌리고 가꾸었다.

집착해야만 했다. 낯모르는 사람에게 억지 웃음을 지으며 다가갔다. 거부의 몸짓은 의외로 컸다 그럴라치면 두고 온 곳에 대한 미련을 버리지 못하고 언젠가는 돌아가리란 생각뿐이었다.

우연히 꽃으로 둘러싸인 외딴집을 발견하였다. 야생화부터 이름도 알 수 없는 외래종까지 수를 셀 수가 없었다. 저 꽃밭의 주인은 나처럼 젊은 시절을 뒤도 돌아보지 않고 살다 심신이 낙엽처럼 된 이일까. 노년을 정리하려는 달관자일까.

꽃은 오랜 친구처럼 반겨 주었다. 이상한 일이었다. 그곳에 가면 쏟아지는 햇빛과 꽃들의 수런거림으로 눈을 뜰 수가 없었다. 유년의 뜰처럼 비로소 내 집을 찾은 듯했다. 그 후로도 시간만 있

으면 자주 찾게 되었다.

땅을 빌린 건 이사 온 다음 해였다. 열흘 동안 나무뿌리며 온갖 돌을 고르고 꽃나무로 울타리를 쳤다. 그리곤 '손바닥 정원'이란 이름의 팻말을 세웠다. 여름 뙤약볕과 짓궂은 장맛비조차도 고맙게 피해 갔다.

가을바람을 맞으며 봉숭아와 맨드라미는 손대지 않아도 미리 땅속으로 들어갔다. 그들은 바람 한 점만 있으면 되었다. 혀를 차며 지나는 이들의 입에서 탄성이 나왔다. 그 왁자하던 영광이 지금 발밑에 수많은 꽃눈이 되어 기다리고 있다.

내게 있어 꽃은 '향기롭다', '아름답다'를 떠나 자리매김을 의미했다. 도시의 유혹은 수시로 다가왔다. 자르면 자를수록 곁가지들이 늘어났다. 급기야 입을 통해서 꾸역꾸역 올라오기 시작했다.

"이쯤에서 집착을 버리시죠."

담당 의사의 목소리는 단호했다.

한갓 몇 평의 땅으로만 여겼다면 꽃밭을 어찌 볼 수 있었으랴. 과연 무엇을 위하여 꽃밭 언저리서 에돌기만 하였을까. 집 찾기에 실패한 이들이 하나둘씩 쓰러져 갔다. 되돌아올 수 없는 쭉정이 씨눈처럼 나도 그들과 함께 몇 번이나 날아갈 뻔했다.

"우리는 이미 가지고 있는 것에 대해서는 좀처럼 생각하지 않고 언제나 없는 것만을 생각한다."라는 쇼펜하우어의 말이 폐부 깊이 파고들었다.

지금은 비어 있는 땅. 날이 풀리면 그동안 숨어 있던 눈이 여기저기서 툭툭 불거질 것이다. 새로 구입한 땅엔 수줍은 꽃씨를 뿌리고 낯선 잡초와 싸우게 하리라. 무디어진 연장을 꺼내어 퇴색된 감정의 정수리를 탁 치고 싶다.

아직은 바람이 차다. 시뻘겋게 혀를 날름거리던 유혹은 단지 저 겨울바람 같은 '악의 꽃'일 뿐이었다. 심중에 조금이라도 남아 있는 욕망을 버리기 위해 나는 지금 겨울 꽃밭에 서서 봄을 기다리고 있다.

생일날을 인정하고 싶지 않은
세 가지 이유

　영구임대 아파트 신청일이 내일이 마지막 날이라고, 무슨 일이 있어도 신청해야 한다고, 서른 살 남짓한 청년이 술에 취해 관리실에 찾아와서 목소리를 높인다. 이번만큼은 꼭 엄마 집을 마련해 줘야 한다고, 자신의 일탈에 종지부를 찍어야 한다고, 일요일인데도 서류를 떼어야 한다고, 자료를 달라고, 생떼를 부린다.
　그건 나의 영역이 아니니 내일 담당자가 오면 신청하라고, 컴퓨터에 내장된 장치를 잘못 건드리기라도 하면 큰일난다고 하니 금방 삿대질이다. 주민이 필요하면 해줄 것이지 무슨 잔소리가 그리 많으냐며 자꾸 윽박지른다.
　왜 이런 말을 들어야 하는가. 주머니에 든 손을 손톱으로 찌른다. 어떤 일이 있어도 참아야 한다. 직장에 들어올 때부터 뭔가 불안했다. 틀림없이 무슨 꼼수가 있을 것 같았다.

 이러다가 분명 독감 예방접종이 허사가 될 것이다. 한 번 시작하면 이어지는 5일 정도의 감기의 불안감이 실루엣으로 맴돈다. 잠도 오지 않는다. 두 시간 자다 30분 깨고 한 시간 자다 20분 깬다. 점점 주기가 얼마 남지 않은 공간을 압박해 온다.

 결국 이것이구나. 혼돈한 내 머리 구조에 일침을 가하는구나. 뇌리에 번쩍이는 천둥번개 하나씩을 던지는 것이구나. 가늘게 떨리던 목구멍의 갑상샘 혹이 더 지탱하지 못하고 말문을 닫게 만들어버리는구나. 아집에 따르는 병 하나, 왜 이다지도 집착해야 하나.

 낮에 박 시인의 남편이 갓 오십의 나이인데 세상을 떠났다는 비보가 전해왔다. 참석하지도 못하고 위로의 문장만 나열했다.

 떠난 사람 앞에 얼굴도 보지 않고 죽죽 울었다. 참지 못해 그저 모두 뱉었다. 얼마나 원망해야 응어리가 풀릴까. 내겐 진정 아무도 없단 말인가. 빈 식탁에 홀로 앉았다. 다리가 풀려 기어갔다. 잠시 후에 어디선가 본 무리가 와자하게 몰려왔다. 어디서 봤더라. 그들의 눈에도 빨랫줄보다 더 굵은 슬픔이 흘러내렸다. 저기, 누구세요? 누군데 저와 같은 행위를 하고 있나요. 난 지금 백내장을 앓고 있다고요. 내 눈에 보이는 것 모두가 흰 천으로 가려져 있어요. 어제까지 얼굴 맞대고 전화하던 우리가 아닌가. 이젠 과거일 뿐인가요. 차라리 얼굴이 평면이 되고 싶어요.

그러다가 자지러진다. 그를 바라볼 수 없어 눈을 감는다.

어떻게 하지. 이게 드라마 대본은 아니지. 힘이 없는데 모두 자꾸 힘내라고만 해. 차라리 웃으라고 해줘. 난 지금 내가 되기 싫어. 남처럼 될 수는 없는가. 내가 왜 돌아오지 않은 열차를 타야 해.

인정할 수 없다며 또 무너진다.

밴드 모임에서 생일카드와 〈당나귀 곁에서〉란 시집이 배달되어 왔다. 아껴 읽으려고 제목과 같은 시를 찾았으나 없었다. 당나귀가 시집 전체를 달리고 있었다. 그러다 그 속에서 시인의 이름을 발견했다. 병마와 싸우다 쉰을 한 해 앞두고 혼자 떠난 시인.

> 우리가 기다리는 것은 무엇인가
> 춥고 배고픈 밤일수록 열차는 더디 오고
> …(중략)…
> 기다림과 끝은 무엇이어야 하나
> 열차에 발을 올려놓으며
> 잊지 않았다는 듯 뒤돌아보는
> 　　　　　김태정의 〈하행선〉 중에서

가난하고 진실한 삶을 살았던 시인은 돌아가신 어머니 곁으로 가는 하행선에 올라탔다. 나는 지금 하행선을 타서 내리지 않으려고 발버둥치고 있다. 글을 쓰면서도 생일을 인정해 버릴 것 같아 마침표를 찍고 싶지 않다. 먼저 떠나간 이들의 얼굴을 떠올리며 아직은 이르다며, 지상에서 할 일이 저렇게 많은데 기차에서 내릴 이유가 없다며 손사래를 친다. 오늘밤도 잠을 이룰 수 없을 것 같다. 차라리 내일이 오지 말길 바랄 뿐이다.

　서른 살 청년이 그만 내리라고 닦달하고 이 시인이 자꾸 힘이 빠진다고 하고 모두들 생일 축하 케이크의 촛불을 끄라고 안달이다. 악다구니 쓰는 녀석과 차라리 희미하게 웃는 이 시인과 생일을 인정하지 않으려는 나. 왜 이럴까. 공평하지 않잖아.

　'그만 멈춰!'

애기똥풀 꽃에게

아파요, 아파요. 어떻게 이렇게 할 수가 있어요. 당신은 무심하게 우리를 낫으로 자르지만 푸새들의 무수한 비명과 아우성이 들리지 않나요. 아무리 보기 좋은 것만 판치는 세상이나 우리가 있어야 들판의 봄날을 이야기할 수 있어요. 쓰러지고 고개 꺾인 모습이 그렇게 보기가 좋은가요.

상처는 쉽게 치유되지 않아요. 또 다시 일 년을 기다려야 해요. 아니, 어쩜 영영 볼 수 없을지도 몰라요. 당신이 행사한 폭력 앞에 뿌리째 뽑힌 친구는 어떻게 할까요. 그렇게 막무가내로 평정하지 마세요. 웃자라고 귀찮은 녀석이라며 정리하지 마세요. 우리는 아직 더 자라야 할 애기똥풀인걸요.

민들레, 꽃다지, 씀바귀, 고들빼기 등 이런 노란 꽃 친구의 눈물을 본 적 있나요.

> 시궁창 물가에 서서도
> 앙증스레 꽃 피워 온
> 애기똥풀 보아라
> 어디 연꽃만이 연꽃이겠느냐

  시인의 말처럼 우리가 언제 '날 보러 와요'라고 칭얼대던가요. 봄이 오면 지천에 말없이 피어 황무지를 덮어 계절을 알리곤 그저 사그라지는 우리 노랑꽃 무리가 그렇게 귀찮고 성가시던가요. 어디 프레지아와 장미만 노란 꽃의 대명사인가요.

  우리 눈물이 보이지 않나요. 자율적으로 자란 무리는 규제 대상인가요. 틀에 짜인 것만 인정하는 세상 속에 우리를 또 가두려 하나요. 왜 기성세대에게 희생당해야 하나요. 구태의연함 앞에 무참히 쓰러지는 민초의 삶, 그렇게 꺾이는 것 같지만 또 다른 노랑이들이 언젠가는 고개를 든답니다.

  아무리 그래도 근간을 바꾸진 못해요. 빨리빨리 병, 상대방 흠집 내기, 집단이기주의 등등. 이건 애초 우리의 정서와는 다르잖아요. 우리가 언제부터 이렇게 되었나요. 동방예의지국이라 지구촌 곳곳에서 배우러 오고 남을 위한 배려가 세계에서도 교과서로 지목되었던 나라가 왜 비리와 기본이 없는 국가가 되어버렸는가요. 더는 우리에게 눈물을 강요하지 마세요. 우린 아직 오랫동안 더 꽃을 피워야 할 애기똥풀인걸요.

　미안하다, 미안하다. 거친 파도 속에서 조타실 무전기를 끝까지 놓지 않고 모두 구조된 뒤 분신한 하나호, 침몰 직전까지 가족을 무사히 탈출시킨 후 최후를 맞은 버큰헤드호의 수병과 선장이 되지 못해 미안하다. 원칙도 대책도 기력도 없이 쉬쉬하며 무심하고 무능함에 미안하다. 사후약방문식으로 사고가 난 때만 시끄럽다가 시간이 지나면 언제 그랬냐는 듯 뒤통수 한 번 긁고 남의 집 불구경하듯 해서 미안하다

　　우는 꽃이 보고 싶다
　　정말 우는 꽃을 보면 어떻게 달래지
　　나도 우는 수밖에 없지
　　함께 울었으면 좋겠다

　　줄기를 빨면 노란 눈물이 난다
　　입술에 대면 쓰다
　　애기똥풀이 말하는 것 같다
　　　　　　―이생진의 〈노란 애기똥풀〉 중에서

　'부모의 몰래 주는 사랑'이라고 했지.

'엄마, 수학여행 잘 갔다 올게.'
'기다릴게, 제발 돌아와 줘.'
'엄마 보고 싶다, 집에 가고 싶어.'
'배고프지 엄마랑 밥 먹자, 일어나 제발….'

온통 노란 물결이다. 노란 저고리가 춤을 춘다. 노란 리본이 바람 속에 들어가 하루에도 천 리를 달리고 있다. 진도 팽목항에서 안산에서 일곱 고랑 텃밭 자투리땅에서, 전국 방방곡곡에서 애기똥풀이 뭉텅뭉텅 노란 눈물이 되어 헤매고 다닌다. 생사도 알 수 없는 어둡고 추운 곳에서 아직도 가족을 찾고 친구를 찾고 집을 찾는 아이들아, 너희의 손을 잡아주지 못해 미안하다.

눈물을 흘리는 애기똥풀, 너희를 모아 수반에 꽂는다. 스트로우 같은 약한 물관부, 마른 보릿대 굵기의 목으로 어떻게 버티고 있었니. 모딜리아니의 '목이 긴 여인'처럼 처음엔 처연하더니 이내 축 늘어뜨리고 당최 고개를 들려 하지 않는구나. 애기똥풀아, 이렇게 약속한다. 다시는 너희들 눈에 눈물 나지 않게 하고, 봄날 온 들판에 노란 꽃이 물결칠 수 있도록 약속할 게. 꼭. 그리고 미안하고 미안하다.

어두운 이야기

정전이다. 780세대 서민 아파트는 일시에 고요가 찾아왔다. 놀이터에서 놀고 있던 아이들도 저녁 시간 텔레비전을 시청하던 가족도 일시에 동작 그만이 되고 말았다. 저마다 눈이 휘둥그레지더니 촛불을 찾는 것은 둘째로 하고 아파트 관리실로 전화를 해댔다. 일시에 몰려든 목소리로 두 대의 전화기는 불통 상태가 되었다. 평소 아무렇게나 해대던 직원에게 이젠 도가 지나친 막말이 쏟아졌다. 급기야 분노한 이들이 가재도구를 들고 쳐들어오듯 사무실로 밀어닥쳤다. 경비원은 안절부절 몸둘 바를 몰랐다. 어디 정전이 근무자의 책임인가. 관리실 직원은 비상 발전기를 가동하기 위해 지하 삼층에 위치한 전기실로 비상 랜턴을 들고 나갔다.

전원선이 무의미하다. 냉장고가 돌아가지 않는다. 탈수하던 세

탁기 내용물이 물을 뚝뚝 흘릴 상태로 동작이 멈췄다. 낮 동안 살아 있던 물상이 일시에 이름을 잊어버렸다. 사람조차 복제된 것처럼 흐물흐물해졌다.

바닥에 떨어진 꽃잎이 소금기에 물 흐르듯 희멀겋게 내려온다. 저렇게 떨어져 버리면 아무런 의미가 없는데, 나무에 붙어 있을 동안은 온갖 교태를 부리며 팔등신을 자랑한다. 얼마 남지 않은 자기의 전성기를 위해 세상에 나온 것처럼.

비만 오는 게 아니다. 사위가 순간적으로 캄캄해지더니 번개까지 번쩍인다. 갓 핀 꽃도 놀라 갈기갈기 흩어진다. 이젠 저 찬란한 신음 한 자락이라도 잡아야 한다. 저 불빛을 잡으려고 여태껏 참고 살아오지 않았던가. 널브러진 꽃 이파리는 이제 꽃이 아니다. 지금은 저 억겁의 고통을 사라지게 해줄 불빛을 잡아야 한다.

놀이기구 사이로 번개가 접근한다. 아이들이 쟁쟁거리던 곳, 그 속에 우리 아이도 놀라 서 있을 것이다. 미끄러질 듯 철제 구조물은 이미 배롱나무 껍질처럼 반질반질하다.

예비군이 총을 함부로 난사하고 더 많은 냉동식품을 목표물로 정하지 못했다고 빙그레 웃으며 냉장고 안으로 들어갔다. 채 피어나지 못한 꽃이 하나둘 목이 꺾이고 말았다. 청년은 아버지의 멱살을 잡고 놓지 않았다. 자식에게 부담만 주느니 차라리 '나 돌아갈래!'를 외치는 노인은 이제 더는 지하철 종점에서 배회하지 않을 것이다.

냉동만두를 삶다가 갑자기 열이 차단되었을 때, 혹시나 싶어 접시에 놓고 해체했을 때, 거북이 등껍질처럼 굳어 있던 표면은 충분히 해동된 상태였고 상반된 온도 변화에 더 못 견디겠다며 아우성을 치지만, 속에 어우러진 야채와 고기 등속을 입에 넣었을 때, 아직 덜 익은 풋내나는 굵은 당면 면발처럼 서걱서걱 차가울 때, 또 한갓진 곳에서 쭈그리고 앉아서 먹을 생각을 할 때, 그건 분명 어두운 이야기의 전제가 되었다.

어느 소설가가 '뿌리 이야기'로 문학상을 수상하며 소감을 털어 놓았다. 마부위침磨斧爲針. 당나라 이백이 공부를 포기하고 낙향 길에 도끼를 갈아 바늘을 만드는 노인을 보고 감동하여 다시 정진했다는 이야기. 노인은 그런 이백에게 이렇게 말했다.

"애야, 비웃지 마라. 중도에 그만두지만 않는다면 언젠가는 이 도끼로 바늘을 만들 수 있단다."

사람살이 현장에선 야릇한 양분 현상이 일어나고 있다. 못사는 나를 너희가 책임져야 한다며 다트서클처럼 검게 쳐진 형광등 하나까지 떠넘기는 이들, 숫제 바늘 만들 생각은 꿈에도 하지 않는 이가 있는가 하면, 어떻게 하면 이 비상구를 탈출할까 싶어 밤낮 일을 하는 노력파도 있다.

전기가 투입되었다. 원인은 주취 운전자가 아파트 인입선을 들이받아 전선이 끊어지는 사고였다. 30여 분의 어둠이었다. 모두 책임을 특정인에게만 돌린다. 나 아닌 남은 모두가 자신의 살아가는 데 걸림돌일 뿐이라고 손가락질해댄다. 점점 이해 타산적이 되어가다 보니 이젠 숫제 사람 사이의 믿음보다는 몇 번의 손가락 놀림으로 모든 것을 해결하는 첨단장비에 더 애착을 가지고 신비로운 그 기계에 의존하는 복제된 인간투성이다.

모든 사회악이 그들의 폐해로 인해 야기된다고 저마다 아우성이다. 이미 인간은 그들에게 정복된 지 오래다. 대중교통을 이용하다 보면 남녀노소 자기의 전유물 하나씩을 들고 희희낙락이다. 불안해진 이들은 사이버 세계에서 헤어나지 못하고 나 아닌 일반인까지 해코지한다. 그렇게 악다구니를 쓰던 주민들의 얼굴에 웃음이 찾아왔다. 어쩌면 당연한 일이라며 언제 그랬냐는 듯 이웃끼리 그저 노닥거리기만 한다. 술 취한 운전자는 기억하지 못하고 바라보는 관리자와 경비원은 쏟아지는 땀을 훔치며 그들을 바라보고만 있을 뿐이다.

새벽이 희붐하게 찾아오고 있다.

입소문

1.

지난밤 상기아재 고구마밭에 멧돼지가 밭 다 조져놨다 카더라
아니다, 고라니가 줄기는 두고 이파리만 다 따 묵었단다
희한하데이, 그 밭은 앞이 도랑이고 뒤는 개집인데 우에 들어왔을꼬
배고픈데 어딜 못 오겐노
사흘 굶어 남의 집 담 안 넘는 사람 없다 안 카더나,
며칠 굶은 한 남자가 강도짓 하다 들켜 도망가다
힘없어 잡힌 거 봤제
그나저나 고라니 고놈 참 영악하다 카데

성주할매 논두렁콩 뜯어 묵었는 이야기 아나?
사람들이 댕기는데 우째 그랬을꼬.
성주할매 논물 보러 갔는데
논두렁콩 이파리가 자꾸 없어지는 기라
하도 이상타 싶어 살금살금 다가가 봤더니
고 놈의 고라니가 나락 논에 엉덩이를 쏙 넣고 주둥이로
염소새끼 풀 씹듯 오물오물 입을 놀리며 한창 식사중이라 카더라
말도 마라, 고놈이 얼매나 영악하면 발 젖을까 싶어 이슬길 안 댕기고
아스팔트나 세멘트 길로 댕긴다 안 카나

봐라 봐라, 아침에 밭에 채소 하러 가서 뭐 하고 아직 이카고 있노
노닥거리지 말고 빨리 집에 가서 아침밥이나 차리거래이

2.

아침에 김 노인 묵밭에 노루 한 마리 고꾸라졌단다
발 빠른 노루가 와?
입에 피범벅이 된 백구도 옆에 헐떡이며 앉아 있었다 카더라
백구는 삼거리 소나무식당 개 아이가

아이다, 배고파 온 동네를 어슬렁거리기에
식당 아지매가 한 번씩 챙겨주던 개란다
그라마, 백구가 노루를 우에 했단 말이가
아이고, 요새 짐승들 무섭데이
저러다 사람에게도 달려들라
모르나, 성주할매 산밭에 갔다가
멧돼지 달려들어 허리 다친 거
말도 마라, 어제는 삼거리 돌아오는데 차에 치인 고양이를
까치가 와서 파먹고 있더라
사람이나 짐승이나, 배고프마 우야겐노
오죽 했으면 아기 분유 훔치다가 잡힌 젊은 애비도 있는데
고픈 배 앞엔 도덕군자도 없다 안 카나
참, 김 노인 아침밥 자시고 다시 나가 보니
노루는 누군가 가져가고
백구만 헐떡거리고 있었다 카더라

봐라, 봐라 또 그카고 앉았나
노랑내 나는 소리들 고마 하고 집에 가서 밥이나 차리라 카이.

깊이가 없어요

"당신 작품은 재능이 있고 마음에 와닿는다. 그러나 당신에게는 아직 깊이가 부족합니다."

파트리크 쥐스킨트의 '깊이에의 강요'에서 젊은 여류 화가를 북돋아줄 생각으로 어느 평론가가 한 말이다. 이해할 수 없었던 화가는 그것을 듣고 곧 잊어버렸다. 하지만 그 말은 곧 활자화되어 신문에 실렸다. 그녀가 가는 곳마다 회자되어 드디어 작품 활동을 할 수 없게 되었다. 붓을 잡으려고 몇 번이나 시도해 보았으나 결국 손가락 하나 움직이지 못했다.

깊이란 무엇인가. 언젠가 본 적이 있는 세계에서 가장 깊은 장강長江의 수면은 여느 강과 같았다. 강 속에 무엇이 쌓여 있어 그렇게 도도하게 흐르는가. 그건 결국 보는 이의 관점이 거기에 맞추어진 것뿐이라고 생각되었다.

　어느 베스트셀러 작가는 습작기에 여러 가지 경험의 작품을 모은 것이 사과 상자로 두 개가 넘는 분량이나 된다고 했다. 계속해서 작품이 나오는 열정이 그 속에 있었다며 깊이만큼 중요한 것이 넓이라고도 하였다.

　어느 날 나는 깊이가 없다는 통첩을 강하게 받았다. 예견하고 있었지만, 그 통첩이 생각보다 빨리 왔다. 한 줄의 글을 얻으려 어설프게 지낸 고통은 겉모습이 되어버렸다. 몸부림쳐 봤으나 자꾸만 미궁으로 빠져들었다. 한 마디 말없이 내 곁을 떠난 어머니에게 한 약속은 그렇게 물거품이 되어버렸다.

　일상으로 돌아왔다. 길을 가다 멈출 일도 없고 늘 웃음만 따랐다. 새벽 호수를 찾지 않아도 되었고 산사로 통하는 오솔길은 구차한 대상물이란 생각이 들었다. 차를 타고 가다 갑자기 멈춰서 뒤따르던 운전자에게 욕먹을 필요도 없었다. 불쑥 떠오르는 감정의 편린은 주워 담지 않자 가을바람처럼 마냥 흩어져만 갔다.

　그런데 왜일까. 그렇게 편하게 잠잘 수 있을 것 같았는데, 새벽이면 알람소리가 울리듯 깨고 불안해지기 시작했다. 금연할 때 기분과는 또 달랐다. 금단현상은 조금 지나 적응되면 끝날 일이다. 며칠 지나면 괜찮겠지 싶었는데 점점 더 심하게 짓눌러 왔다.

　친구도 만나지 않았다. 온몸에 경련까지 일기 시작했다. 붓을 던지고 방탕하게 생활하는 화가를 닮아갔다. 초췌해진 모습을 보여주기 싫어서 어두운 곳으로만 숨어 다녔다. 주위에선 그녀를 질타하는 비평가들뿐이었다. 피폐해지도록 내버려 둔 그와 주위의 편을 들 수가 없었다. 흔들리던 그녀를 보며 한 마디의 위안이라도 있을 줄 알았다. 하지만 현실은 오히려 그것을 즐기고 있었다. 나의 입장은 다를 줄 알았다.

차라리 시작을 말았더라면, 잊어버릴 수만 있다면 생각을 말 것인데 그럴 수도 없었다. 누군가 나타나 주어야 하는데 심지어 전화 한 통 없었다. 스스로 자처한 일을 남까지 원망하게 되었다. 오히려 주위에선 사람이 변했다며 오해하기 시작했다.

해결책은 다시 연필을 드는 것이었다. 여전히 문제는 깊이였다. 남에게 꼭 보여야 한다는 마음을 버려야 했다. 그 피해 의식은 어른이 되기 훨씬 전부터 있었다. 유년 시절 속박의 틀에서 깨어나야 했다. 나무 지게를 지고 오다 친구 가족의 나들이를 본 열 살의 기억, 전쟁으로 역사의 희생이 된 아버지, 지나친 도덕성, 열일곱 살 어머니. 그 상자 속 사고를 버려야 했다. 관념의 틀에서 탈출해야 했다.

고등학교를 졸업하던 그해 겨울이었다. 바다가 보이는 조선소 독신자 숙소에서 캐시밀론 이불 한 장 달랑 들고 내 인생은 출발되었다. 신혼 6개월에 현장에서 다리가 잘려 나가고, 프로판 가스통이 폭발하여 금시 옆에 있던 동료가 널브러질 땐 그래도 몰랐다. 철야 작업을 하다 겨울 바다 칼바람을 맞고 식어빠진 햄버거를 입에 넣고 씹을 때 비로소 생각났다. 잊고 있었던 그 무엇을 잡아야 할 때가 왔노라고. 가당찮은 글쓰기 작업은 그렇게 이루어질 것 같았다. 그러나 이내 생활 앞에 무너져 버렸다. 겉멋만 든 나의 스무 살은 여기저기 흔적만 남기고 다녔다.

배가 고팠다. 주린 배를 안고 뒹구는 꿈을 종종 꿨다. 포만감에서 오는 사고는 나태였다. 또 한 번 주위를 파괴해야 하고 그들을 철저히 배신해야만 했다. 그렇게 책상에 앉았지만 글 한 줄 못 쓰고 엎드려 있었다. 하지만 그 전처럼 그렇게 답답하진 않았다.

지나다 바라보는 예쁜 꽃을 다시 탐하기 시작했고, 새로운 물상을 채집통에 넣었다. 다시 유년의 보상 심리가 자리 잡기 시작했다. 아니나 다를까 또 다른 질책이 쏟아졌다. 마지막 하나 그 고개만 넘어서면 되는데 그게 안 된다고 우려의 목소리가 높아졌다.

개미 한 마리가 보리 한 알을 물고 담장을 오르려다 69번을 떨어지더니 70번째에 목적을 달성하는 것을 보고 용기를 회복하여 드디어 적을 물리쳤다는 옛날 영웅의 이야기가 생각났다. 간난신고하는 그 개미의 깊이를 닮고 싶었다.

동료의 걱정을 뒤로하고 자기를 내버려 두라고 화가는 소리쳤다. 결국 자신의 그림을 갈기갈기 찢고 텔레비전 방송탑으로 올라가 자살하게 된다. 화가가 죽고 나자 비평가는 비로소 말했다.

"그녀의 그림에는 삶을 파헤치고자 하는 열정을 읽을 수 있다."
라고.

타인에게 인정받으려는 욕망을 떨쳐버리지 못하는 절제력 부족한 오늘의 모습을 비평가는 보여주고 있다.

길은 끝이 없다. 새로워지려고 하루에도 몇 번씩을 되뇌어 본다. 오늘도 나는 손바닥을 뒤집으며 깊이에 대해 변죽을 울리고 있다.

4부

황폐한 잠

공터

 아무도 없다. 무언가를 채워야만 외롭지 않은 공간, 바람이 누군가 오길 기다린다. 마른 잎조차 한곳으로 몰아버리고 자리를 비워 놓았으나 아무도 찾아오지 않는디. 모두 어디로 갔을까.
 그곳에선 얼마나 많은 일이 벌어졌던가. 온 동네 조무래기들이 어울렸던 꿈터였다. 시끌벅적하게 자기 이야기가 옳다고, 자기 집 개소리가 더 크다며 주장하던 유년의 아이들, 어둑해져야 내일을 약속하며 뿔뿔이 흩어지던 장소엔 이젠 아이의 그림자는 찾아 볼 수가 없다. 술래잡기하던 아이들은 어디에 숨어버렸는지 나타나지 않는다.
 어느 날 오랜만에 아이 몇 명이 몰려왔다. 예닐곱 살이나 되었을까. 연신 주위를 둘러보며 서로 눈치를 보고 있었다. 조금 있으니 동네가 떠나갈 듯 비명이 들렸다. 그들 중 작은 아이가 눈을 감싸며 울기 시작했다. 나머지 아이들은 지레 겁을 먹고 줄행랑을 쳤다. 뛰어나가 살펴보니 비비탄 총알이 아이의 눈에 맞은 모양이었다. 공터는 이대로 아이들의 은밀한 장소가 되어버리는가.

 사무실은 공터가 빤히 내려다보이는 이층에 있다. 두 손을 펴서 겨우 밖을 볼 수 있는 크기의 유리창으로 바깥을 바라보곤 한다. 풀잎이 부딪히는 소리에도 귀를 세우고, 이따금 식료품차 소리가 들릴 때면 바깥 동정을 살피곤 한다. 그럴 때면 파울 클레의 '눈'이 된다. 슬프도록 큰 외눈박이 눈만이 아니라, 들리는 것이면 모두 흡수하듯 크게 뜬다. 그것을 흉내내며 밖의 소식을 훔쳐보다가 다문 입에 더욱 힘을 준다. 역시 아무도 없다. 혼자라도 뛰어나가 그 공간의 존재를 부정하고 싶지만 선뜻 마음이 내키지 않는다.

 비어 있다는 것은 그만큼 채울 공간이 있다는 것이다. 언제쯤 허한 폐부를 부풀릴 수 있을까. 그럴라치면 내가 있는 실내가 공터가 된 착각에 빠질 때가 있다. 바라보고 있는 나의 온 시선이 무언가를 찾고 있으나 아무것도 없고 공터가 사무실을 바라보고 있다. 삐뚤삐뚤한 책상, 아무렇게나 흐트러진 책, 시간이 되면 와자하게 들어왔다가 흩어지는 사람들의 모습. 외부와 연결된 작은 틈으로 바람 한 점 들어와 정지된 방안의 체취를 들킬 때, 속내를 누군가에게 발각되어 놀랄 때가 있다.

며칠 전부터 공터에 불청객이 나타났다. 해가 져서 공터에 신경 쓰지 않을 시간이었다. 공간은 밝음 아래서는 남의 눈에 노출되기 쉽다. 그래서인지 어둑해지자 중학생쯤 되는 남녀 아이 둘이 날마다 찾아오는 것이었다. 소곤거리는 게 처음엔 나뭇잎 구르는 소린가 했다. 습관처럼 창틀에 귀를 세우고 그들의 소리를 엿듣기 시작했다.

그런데 그들의 말과 행동에 관여해야 할 일이 벌어졌다. 주머니에서 부스럭거리며 무언가를 꺼내는가 싶더니 불을 붙였다. 호기심이려니 했다. 그러더니 이상한 소리까지 들리고 있었다. 시간이 지날수록 그 소리는 점점 커지는 것이 아닌가. 공터는 그동안 너무 외로웠던 탓인가. 그들을 침입자로 보지 않고 아이들의 행위를 지켜만 보고 있었다. 무관심에 아이들의 소리는 점점 더 당당해져 갔다. 주위엔 아무도 없고 어둠조차 그들의 행위를 감싸고 숨을 죽이고 있었다.

오늘도 어김없이 찾아왔다. 아이들은 담배에 불을 붙이고 간섭 없는 행위를 진행하고 있었다. 이쯤에서 아이들의 불장난을 중단시켜야 했다. 갑자기 여자아이의 비명이 들렸다. 창을 열고 고함을 질렀다. 누구를 탓하랴. 아이들을 오게 한 공터만 탓했다.

간혹 낮 시간에도 노인들이 찾아와 안주 없이 소주잔을 기울일 때가 있다. 그들의 이야기는 거의가 젊었을 적 이야기, 자식 자랑거리였다. 몇 잔의 술이 돌아 불콰해지면 이야기는 자랑이 아니라 원망으로 바뀌었다. 그들의 가슴속에는 늘 비어 있단 말인가.

차츰 빈 장소를 감시할 필요가 없어졌음을 깨달았다. 계절이 다 가도록 예전의 그 사람들은 찾아올 리가 만무했다. 더 기다린다는 것은 그만큼 더 비참하게 만드는 일이 되어버릴 것이다. 하지만 어쩌랴. 비어 있기에 채워지길 기다리는 것은 모든 이의 욕망인 것을.

아이들의 왁자한 소리를 듣고 싶다. 야구놀이라도 하여 유리창을 깨뜨려도 좋을 그런 아이들을 위해 오늘도 유리창을 개방해 두고 있다. 그 대열에 끼여 더는 숨어 지내고 싶지 않다. 차라리 혼자라도 나가 그 공간의 개념을 부정하고 싶다.

한줄기 바람이 또다시 마른 잎을 구석으로 밀어붙인다. 오늘도 찬란했던 그날의 꿈을 반추하며 공터는 서걱댄다.

낙타의 눈물
―어느 경비원의 일기

　어미 낙타가 새끼에게 젖을 주지 않는다. 심지어 발로 차 새끼를 얼씬도 못 하게 한다. 그대로 두면 새끼는 굶어 죽을 수밖에 없다. 고민 끝에 주인은 마두금* 연주자를 부른다. 악기가 연주되고 주인 할머니는 낙타의 온몸을 쓰다듬으며 노래를 부른다.

　　말 등에 오르면 가지 못할 곳이 없네
　　말 등에 오르면 죽지도 않는다네
　　말이 스스로 길을 찾고 원하는 곳에 데려다준다네

　마두금 소리와 노래를 듣고 있던 어미 낙타의 눈에서 눈물이 흐르고 새끼에게 젖을 물리게 한다.

낙타는 털을 깎아 옷을, 젖을 짜서 음식을, 분비물로 연료를, 온몸으로 이동 수단을 제공한다. 나는 이런 낙타가 되어 새벽에 출근해서 다음날 퇴근하는 24시간 근무자 아파트 경비원이다.

앞발 먼저 혹 하나, 혹 둘 뒷발 나중, 바늘구멍을 지나 시멘트가 깔린 사막으로 출근한다. 오늘도 발가락 여덟 개로 하루치 무게를 견뎌야 한다.

낙타 한 마리가 언어 폭력과 인격 모독을 이기지 못하고 분신자살을 시도했다. 허리에 붙어 있는 파스처럼 해고의 상황이 늘 간당간당하는 간접고용의 일상, 대기하는 낙타의 명단을 들고 바람 앞에 죽정이 깨알 날리듯 까부르는 칼날. 바라보는 세상은 그저 일회용 위안일 뿐이었다.

새벽 4시 30분, 도시락 세 개와 약봉지를 혹 안에 넣고 집을 나선다. 막내의 때 묻은 신발이 뒤집어진 채로 걸린다. 풀린 끈이 따라온다. 빈센트 고흐의 '구두 한 켤레'가 되어 공사 현장을 다니며 녹초가 된 아이, 제대 후 복학을 미루고 아르바이트를 다니는 이 시대의 얼굴이다.

나이 예순, 쉴 새 없이 일했지만 남은 건 약봉지뿐. 꿈틀거리는 알약을 보며 진저리친다. 툭툭 불거진 양 손가락을 겨우 한 번밖에 펼 수 없는 내 앞에 놓인 십여 년의 한계, 그저 발가락만 꼼지락거린다.

"잘 다녀오세요."

득달같이 일어나 까다로운 입맛을 평정해 준 30년 지기, 침조차 삼키지 않은 마른 목소리, 무의식 중에 급소 부분을 부딪힌 듯 짜릿한 전율이 흐른다. 찔끔, 돌아보지 않고 꼬리만 흔든다.

대형 아파트를 방문한 적이 있었다. 베레모와 검은 안경을 쓴 젊은 낙타가 흡사 군부대 입구처럼 버티고 서 있었다. 되돌아 나올 곳부터 먼저 살펴야 했다. 백내장이 든 시야처럼 흰 천이 눈앞에 어른거려 바로 서 있을 수가 없었다.

신남역에서 2호선 전철을 타고 반월당역에 내린다. 다시 1호선으로 환승하여 대곡역으로 밤새 기다리고 있을 교대자를 향해 가야 한다. 종종걸음을 치지만 삐걱대는 다리 관절은 가풀막 앞에 맴돌 뿐, 마음만 앞선다.

지하철 안은 내 또래 비슷한 이들이 다반사다. 언뜻언뜻 보이는 굳은살 박인 손아귀, 한때는 조국 근대화의 초석이었던 저들의 함성이 염색기 지난 희끄무레한 머리카락 사이로 얼비친다. 차라리 저들이 유채색 옷을 입은 단풍놀이 인파라면 얼마나 좋을까. 울긋불긋 단풍 든 붉은 낙타의 무리, 플래시 몹, 그 속에 나도 섞여 너울너울 춤을 춘다. 상상은 가면假面 속에 묻힐 뿐이다.

아파트 주차장에서 아이들은 자전거를 타고 자동차 사이를 요리조리 피해 다닌다. '저 녀석들 저러다가….' 조바심도 잠시뿐, 먹다 남은 과자봉지를 아무렇게나 던지곤 빠져나간다. 내용물이 쏟

4부 황폐한 잠

아져 잠자리 떼처럼 이리저리 돌아다닌다. 늙은 낙타는 주우려고 허둥지둥 따라다닌다. 클랙슨이 울린다. 반쯤 열린 차창 너머로 선글라스를 낀 젊은 사내, 손가락을 까딱거리며 출입구 차량 안전바를 어서 열라고 재촉한다.

가로등이 동심원으로 고루고루 퍼져 모든 세대가 오늘밤도 아무 일 없길 기원하며 야간순찰을 한다. 아침 해가 희붐하게 뜰 때면 까치들이 와서 자지러진다.

"후여, 후여! 늦게 퇴근한 이들 조금이라도 더 자게 저리 가거라."

떨어진 이파리를 쓸고 돌아서면 야속한 바람은 원상태로 돌려 버리고 만다. 바야흐로 허리 병이 도지는 때다. 애먼 나무를 원망한들 무슨 소용 있으랴. 아, 내게도 낙엽에 대한 낭만이 있긴 있었던가.

있음과 없음의 차이 앞에 낙타는 망연자실하고 있다. 아무렇게나 버려진 쓰레기, 벽에 묻은 잘 지워지지 않은 흔적, 외부상인 출입, 승강기 안의 긁힌 자국 등이 재산 등락에 작용한다며 눈꼬리를 올리고 흔들어대는 이들의 손사래 동작이 크다.

받는 이의 즐거움보다 되돌아오는 아픔을 주는 택배 물건을 자주 본다. 뜯어보지도 않고 툭 던지며 반품 진열대에 오른 구겨진 여배우의 광고 사진, 일시에 콜라주 작품이 되어 휘청거린다. 알 수 없는 내용물의 신음에 내 눈은 더 튀어나온다.

신은 우리에게 귀는 쥐, 배는 소, 발굽은 호랑이, 코는 토끼, 몸은 용, 눈은 뱀, 갈기는 말, 털은 양, 굽은 등은 원숭이, 머리 볏은 닭, 넓적다리는 개, 꼬리는 돼지를 닮게 해주었다. 열두 띠에서 탈락하였다고 동물의 신체 기관을 골고루 나누어 주었다.

분신을 시도한 동료 낙타가 끝내 사망했다. 엄청난 수술비, 살아있는 양심들의 모금액으론 턱없이 모자랐다. 남아 있는 낙타 가족의 눈물이 오랫동안 바늘구멍 사이를 빠져나가지 못하고 부유하고 있었다.

택배 꾸러미에서 홍시 두 개를 꺼내 주고 얼른 돌아가는 새댁의 말꼬리가 발가락 사이에 끼어 자꾸 거치적거린다.

"시골에 계신 친정 아버지 생각이 자꾸 나서…."

어디서 마두금* 켜는 소리가 진양조 장단으로 들려오는 듯하다.

* 마두금 : 몽골지역에서 널리 연주되는 나무와 가죽으로 만든 악기. 대의 위쪽이 말의 머리 모양을 하고 있어 이름 붙여진 2줄의 현악기.

열쇠

"선생님, 102호 문 좀 열게 해 주세요."
"……"
"우리 애가 어제 저녁부터 연락 두절되었어요."
"어디, 외출이나 했겠죠."
"오늘 같은 날 절대 어디 갈 아이가 아니에요."
"그렇다고 집에 있으란 법이 있을까요."
"전화도 되지 않지, 문을 두드려도 열어주지 않아요."
"저희로선 어떤 방법도 없어요."
"엄마란 증거 될 만한 것은 모두 드릴게요, 제발."
"아니, 중요한 건 열쇠가 없다는 겁니다."
"103호 아저씨가 관리실에 가면 비상키가 있다고 하던데요."

"요즘은 모두 도어록을 쓰니까 열쇠는 없고 비밀번호로 열어요."
"그래도 긴급할 땐 어떻게 해요."
"경찰관 입회 아래 119 구급대를 불러서 조처해야 합니다."
"얼마 전 돌아가신 101동 아저씨 일을 아들이 알고 있단 말이에요."
"그걸 어떻게 아세요."
"혹시나 우리 아들이 그럴라치면 전 어떻게 해요."
"설마, 젊은 사람이 그런 극단적인 생각을 했을라고요."
"아니에요, 어제 일만 봐도 충분히 그럴 수 있거든요."
"어제 일요?"
"어제 설을 쇠려고 집에 아들이 왔어요. 마침 형이 먼저와 있었지요. 세 살 위인 형은 손자를 데리고 왔어요. 우리가 너무한 면도 있었어요. 아이들 아버지와 나, 그리고 형까지 아기에게 붙어 잠시라도 눈을 떼지 못했어요. 그런데다 형이 취직하지 못해 놀고 있는 동생에게 무어라고 이야기를 하더니 형제간에 목소리가 높아졌어요. 이걸 지켜본 아버지가 형에게 대든다고 동생에게 목소리를 높였답니다. 그러더니 아이가 저녁밥도 먹지 않고 나갔어요. 그 뒤로 연락이 되지 않고 있어요."
"방에 불은 켜져 있던가요?"
"물론 꺼져 있었어요."

엄마는 그렇게 보낸 작은 아들이 걱정되었지만 하루 지나 차례를 지나고 형을 자기 집으로 보내고 음식을 싸서 작은 아들 집에 왔던 것이다. 서른세 살, 아직 노총각까지는 가지 않은 상태가 아닌가. 그 나이에 취업을 준비하는 이들은 부지기수다.

 둘째 아들은 얼마 전까지 직장을 다니다가 지금 잠시 휴식기를 가지고 있는 상태라고 했다. 아무리 소극적 사고를 가진 아들이라지만 그럴라치면 이 나라에 수도 없는 청년이 희망을 잃고 살아가고 있단 말이 되지 않겠는가. 제삼자가 보기엔 극단적인 생각을 할 만한 일이 아닌 것 같았다. 하지만 부모의 마음은 다르다. 내 아이가 혹 비극의 주인공이 되지나 않을까 자나 깨나 노심초사하는 모정, 어디 엄마뿐이랴. 그렇게 보내 놓고 아버지도 누워 한숨도 자지 못했다고 했다.

 제삼자의 입장에서도 두려움이 앞섰다. 낮 동안의 침묵을 깨고 밤만 되면 이런 분위기가 엄습한다. 대명천지 밝은 가로등과 전등이 있으나 102동 옆은 칠흑 같은 어둠이다. 밝은 면만 비춘다면 얼마나 좋겠는가. 혹시 불의 영향권 밖처럼 어두운 사태가 벌어진다면 어떻게 하지. 이미 엄마의 눈엔 앞을 가릴 수 없을 만큼의 눈물범벅이었다. 애지중지 키운 자식을 장가도 보내지 못하고 잃게 되면 어떻게 하느냐며 선생님도 자식을 키우는 입장에 어떻게 하면 좋겠느냐고 계속 채근했다. '선생님'이란 호칭은 솔직히 물에 빠져 지푸라기라도 잡는 심정이겠지만, 별로 유쾌하게 들리진 않았다.

경찰관이 도착했다. 세 명이었다. 그들은 왠지 이런 일이 생소하다는 듯 물어왔다. 적반하장이다. 이런 일에 문외한인 것은 제복을 입은 그들이 아니라 오히려 나다. 더군다나 그들의 인상을 보니 어느 정도 그 직업에 물이 든 연륜인 것 같았다. 새파란 순경이라면 모를까, 길게 늘어진 나뭇잎 몇 개의 계급장은 어딘지 모르는 경륜이 많이 묻어 있었다. 갑자기 '엮이다'란 생각이 떠올랐다. 옆에서 구경만 하다가 책임을 덮어쓴다면 이 얼마나 황당하겠는가. 설사 누명이 벗겨지더라도 오라가라며 얼마나 시간이 많이 허비될 것인가. 퇴근한 상사에게 전화를 했다.

"자칫 큰일 납니다. 자기들 일을 전가하는 경향이 있으니 조심하세요."

역시 그랬다. 오랜된 관행에 엮이면 애먼 내가 뒤집어쓸 판이었다. 현직 경찰이 비상키를 운운했다. 지금이 어떤 때인가. 아파트 관리실에서 비상키를 제공하지 않는다는 것쯤은 삼척동자도 다 아는 사실이다. 근무자가 많지도 않은 변두리 파출소에서 세 명이나, 더군다나 늙수그레한, 계급 또한 산뜻하지 않은 이들이 몰려온 데는 뭐라 상상할 수 없는 착잡함을 읽을 수밖에 없었다.

경찰관이 말했다.

"열쇠 수리공에게 연락하세요."

"오늘이 무슨 날이에요."

"명절과 열쇠 수리공과 무슨 상관이 있지요."

"수리공의 연락처는?"

"그건 제가 알 바 아닌 것 같은데요. 근무자가 그런 정도까지 모르는가요."

사실은 엄마가 오고 나서 잠시 밖으로 나와 평소 알고 있는 수리공에게 전화 연락을 해 보았다. 하지만 전화를 받을 리 만무했다. 명절에다 저녁 시간이면 어느 누가 봐도 통화가 안 될 것임이 틀림없다.

경찰과 열쇠 수리공에 대해 실랑이를 벌이고 있는 동안 아들의 엄마는 더욱 크게 울부짖었다. 점점 내 쪽에서 멀어지더니 경찰 쪽으로 가서 나를 향해 목소리를 높였다.

"무슨 일이 일어나기라도 한다면 책임질 거예요."

무슨 일, 책임, 상사가 우려했던 일이 결국 이것이었구나.

나는 혼자였고 상대는 네 명으로 불어났다. 어느 누가 봐도 나의 상황은 불리했다. 소위 집행권이 있는 사람과 아파트 관리실에서 야간 당직을 담당하는 사이에서 누가 더 권력자인가. 약자는 어느 편으로 붙을 것인가. 이쯤에서 약해지면 안 된다. 오히려 목소리를 높였다.

"여기 서 있지 말고 현장에 가보세요."

그들을 밀어냈다. 손을 뿌리치며 근무자를 밀어낸다느니, 하며 계속 구시렁대기 시작하는 제복의 남자 셋과 거기에 옷고름처럼 달려나는 아들의 엄마. 그들은 그렇게 밀려나갔다.

30분이 지나도 아무런 기척이 없었다. 만약 사고라도 났으면 어떻게 대처해야 할지 막막하였다. 무경험, 그것도 밤이었다. 낮이라면 그래도 덜 서글퍼지고 태양에게 용기라도 얻을 수 있을 텐데, 기댈 만한 빛이 없었다. 며칠 전 본 주간 예매 순위 1위인 영화의 한 장면이 떠올랐다. 요원이 되기 위한 준비 과정에서 많은 엑스트라가 희생되었다. 그중 실전에 투입된 면접관의 무기가 상대방 공작원의 신체를 반으로 자르는 장면이 나왔다. 넘어진 사체는 바닥에 떨어지며 도화지 낱장처럼 나풀거리며 잘려져 나가는 장면, 어쩜 102호의 젊은 아들은 그 영화를 보진 않았을까. 자기는 어차피 주인공 대열에 끼지 못하니 자기 목숨을 초개처럼 학대하지는 않았을까.

101동 영감님 이야기가 떠올랐다. 물론 나는 101동 영감님의 사망에 대해선 모른다. 앞선 근무자의 증언에 의한 것이다. 칠순에 가까운 어른은 건축 일용직 근로자로 살고 있었다. 젊은 시절엔 꽤나 큰 건설회사 간부였다. 그러다 부도를 맞아 가족과는 뿔뿔이 헤어져 살았다고 한다. 찾아오는 사람은 명절에도 없었다. 돌아간 지 5일이나 지나서 근무자에게 발견되었다고 했다.

아무도 없는 곳, 혹시 실내가 얼지는 않았는지 온도계를 들고 올라갔다. 보일러실은 이상이 없었다. 102호와 공통으로 쓰고 있는지라 적정 온도의 1/3만큼은 유지하고 있었다. 집 안으로 들어갔다. 으스름한 시간, 채 어둠이 침범하지 않아 낮 동안의 열기로

미지근한 온도가 유지되어 있었다. 여러 개의 페트병이 있었다. 거기엔 알 수 없는 액체로 가득 차 있었다. 볼링공을 피해가듯 조심스레 지났다. 그만 하나가 넘어졌다. 잠겨 있었으나 그 액체의 한 방울이라도 내 몸이나 옷에 닿기라도 하면 아우성이 들릴 것만 같았다. 흐트러진 가재도구는 함부로 만질 수가 없어 그대로 방치한 상태였다. 자식은 유품을 거두어 가길 거부했다. 간신히 시신은 거두어 가서 풍장을 했다는 소문만 들릴 뿐, 법의 처분을 기다려야 했다.

  기다려도 119 구급대는 나타나지 않았다. 이윽고 경찰차가 102동 어둠 속에서 빛을 내기 시작했다. 낮 동안 보기엔 거기 상층부의 색이 흰색과 푸른색의 조화가 어울릴 테지만 밤이면 엷은 색은 보이지 않고 붉은색만 보인다. 우선 보기엔 붉음은 두려움이 앞선다. 불빛이 돌아가는 것을 보면 지나는 사람은 필시 무슨 일이 일어난 것이 틀림없다는 생각이 든다. 왜 아무 일이 없다면 밤이라도 경광등 불을 켜지 않고 간다면 얼마나 좋을까 싶었다. 차츰 사무실로 올 것 같던 차는 경적도 없이 밖으로 빠져나가고 있었다. 그렇다면 아무 일도 없단 말이 아닌가. 갑자기 은행 강도처럼 급습했으면 당시 상황을 말 한 마디라도 전해주고 가지 않은 저들의 처사 앞에 한 가닥 신뢰마저 상실하게 했다.

  예상은 적중했다. 밖이 왁자지껄하자 무슨 일인가 싶어 나온 경비원 아저씨에게 뒤에 따라가 봐 달라고 부탁을 해둔 터였다. 경찰관은 특유의 틀에 박힌 직선적인 목소리를 들이댔단다.

"경찰입니다. 안에 있는 줄 다 압니다. 고집부리지 말고 문 여세요."

말 속에는 상황 부정적인 말이 가미된 그런 명령이었다. 더는 나빠지면 안 된다고 엄마의 기도하는 모습이 충분히 가미된 염원.

서너 번의 두드림으로 문은 열렸다. 흐트러진 머리카락, 꽉 찬 담배 연기, 뒹구는 소주병, 길게 늘어진 두루마리 화장지의 선을 보고 엄마는 털썩 주저앉았다. 살았다는 안심보다 아이가 더는 상처를 받지 않도록 세 명의 남자를 빨리 보내는 일이 급선무였다. 101호는 여전히 문이 잠겨 있었고 비상키 운운하던 103 영감님은 계속 구시렁거리고만 있었다. 그렇게 엄마도 관리실을 거치지 않고 가버렸다. 예상했던 대로 엄마의 '선생님' 호칭은 가식이 있다.

열쇠 수리공에게서 문 잠긴 세대가 있느냐고 전화가 왔다.

"아니, 설은 잘 쇠셨는지 안부 전화했어요."

"예, 덕분에요."

뒷머리를 긁적거리는 그와 나의 모습이 묘하게 겹치고 있었다.

황폐한 잠

 오그라든다, 자벌레처럼, 한 뼘 크기의 철사를 손아귀에 놓고 힘껏 구부리자 크기가 반으로 접힌 것처럼, 가늠할 수 없는 육중한 무게에 짓눌려 빠져나오지 못할 상황. 몸피가 줄어든다. 기침이 나오고 오한이 든다. 치밀어 오르는 추위 때문에 눈을 뜬다. 비상이다. 서둘러 가슴을 친다. 골든타임이 일이십 초밖에 되지 않는 것처럼 두드린다. 여기서 쓰러지면 안 돼.
 '툭 툭 툭….'
 무의식중에도 삶에 대한 연장선을 노크한다. 수많은 얼굴이 스펙트럼처럼 지나간다. 한숨을 길게 토한다. 또 살았다. 온몸의 기를 모아 손뼉을 친다. 점 점 점, 칸타빌레로 서서히 몸이 뜨거워진다.
 그날도 그랬다. 갓 제본해 휘발성이 채 날아가지 않은 단행본을 첫 장 넘기자 툭, 접합부가 분리되어 발밑에 떨어져 나뒹굴 때의 기분이었다. 밤새 헤매다 다가간 시외버스 터미널 앞 편의점에서 컵라면의 비닐을 벗기고 막 물을 부르려고 할 때, 차창 너머 서 있던 거대한 몸집의 개 그레이하운드가 나를 보고 빈정대며 무어라 손가락질을 할 때, 이 대로는 안돼. 지금은 도시를 떠날 수 없어. 잠이 들면 넌 영원히 비열한 개일 뿐이야. 개는 개에 의해 돌아오고 쥐어짤 듯 압박해 오던 일상의 허무를 달래기 위해 수십 리 길을 되돌아 걸어오며 버리고 싶었던 단어, 문장들. 그 속에 '옥죄다'가 들어 있었다.

옥죔, 오그라듦, 오류, 오해, 오발탄, 오도카니, 오소리, 오리 …. 동사와 명사들을 나열하다 '오'로 시작된 것들을 모두 혐오했다.

이젠 잠을 자다 일어나는 행위의 연장선에 있다. 내 잠은 황폐하나. 앞으로 황무지가 될 것이다. 집 밖이건 안이건 쪽잠일 뿐이다. 새우잠이기도 하다. 앉아서 자는 김 병장이 늘 내 잠 속에 있다. 이등병의 차렷잠에 뭔가 희끄무레한 흉상 하나가 지켜보고 놀란 가슴, 다음날도 그 다음날도 붙박이가 된 김 병장의 잠.

난 허리는 괜찮은데 긴 잠은 통과되지 않아. 이유를 따지면 애초부터 사치. 시외버스를 타고 떠난 그녀는 얼마간 잠 속에 들어오더니 이내 사라졌다. 더 큰 문제가 생겼다. 폭우가 쏟아지는 오월의 어느 하루, 지방 소도시에서 걸려온 비보에 영영 잠을 놓쳐버렸다. 자식 걱정에 하루가 멀다 않고 다니던 절 계단에서 굴러

넘어진 그녀, 머리에 폭탄이 세 군데나 터진 부상자가 되었다. 단순한 부상자가 아닌 절체절명의 위기에 죽음의 문턱에 서게 된 중환자. 영원히 우방일 것 같았는데 사라지면 적군이 되는가. 19시간의 긴 수술 끝에 이방인이 된 그녀. 그녀는 그렇게 내 잠을 송두리째 빼앗아갔다. 엄마는 내 잠을 보상해 주지 않고 떠난 영원한 적군.

새벽녘 하루치 일을 기다리며 깡통 곁불을 쬐며 기다리는 그들처럼 오늘도 오지 않는 누군가를 기다리며 옥죄는 가슴 안고 황폐해진 잠 하나 가만히 또 들추어 본다. 이제 모든 일이 해결되었으니 긴 잠 한 번 드시게라고 하는 절대자는 어디에도 없다. 왜일까. 다시 고개를 쳐드는 그것이 불안하게 한다. 가령, 황폐해진 잠을 정화하기 위해 기억 속의 어느 장소를 찾아 쫓아갔을 때 그곳은 예전과 달리 많이 변해 있었다. 풍경과 소품이 지상에서 솟구쳐 3층 옥상에 있었다. 평소 갖고 싶었던 대상물을 손에 넣고 내려오는 비상계단이 사라져버렸다. 몸이 먼저, 손에 든 물건이 먼저. 지붕은 뾰족하고 외부침입 방지용 쇠창살이 촘촘히 박혀 있었다. 그곳을 탈출해야 한다. 잠 속이 아니고 현실이라면 어떻게 할 것인가.

'보헤미안 랩소디', 'Mama just killed a man' 고백한다. 천사와 악마 사이에서 갈등한다. 얼어붙은 대지에 그나마 말라버린 할머니의 젖꼭지 같은 개나리꽃 몇 송이를 데리고 와 목이 긴 화병에

다 꽂고 개화하길 기다리는 마음으로 가수는 노래했을 것이다. 누가 내 죄를 벌해 주오, 어머니 내가 사람을 죽였어요. 나를 용서하지 마세요.

 분명 꽃은 피긴 핀다. 부리가 파르스름하게 터진 후 그 사이에서 노랑 병아리가 알에서 툭 불거지는 그날이 내 잠이 성공하는 날. 내용물을 먼저 밑으로 던지면 둔탁한 소리로 풍비박산이 날 건 분명할 터, 색 바랜 푸르스름한 노끈을 묶는다. 자칫하면 끊어질 운명의 잠, 길지 않은 잠 속 인장력. 하지만 선택의 여지가 없다. 목이 긴 것, 몸피가 굵은 것, 오목조목한 것, 병은 모양이 여럿이지만 병목은 다를 바 없다. 미꾸라지 통발처럼, 피라미 어항처럼, 진입로가 좁은 지방도시 공업단지 입구가 위선이다.

 입구를 봉쇄하며 묶는다. 너무 꽉 죄면 분명 잠은 달아날 것이다. 전전히 시작이 12시, 1시 30분, 3시, 4시 40분, 안 돼 5시까진 눈을 감아야 해. 지면에 닿았는지 끈은 길이를 더 요구하지 않는다. 이번엔 잠든 몸이 내려갈 차례다. 두렵다. 그대로 떨어지면 잠은 병조각처럼 흩어져 버릴 게 뻔하다. 옥상에 갓 닿을락 말락하는 은행나무에게 잠을 맡길 요량으로 작대기로 툭 쳐보니 거부의 몸짓으로 심하게 흔든다. 유일한 길은 가스 배관 파이프! 흘낏 내려다보니 가히 10층 높이다. 저기에 닿으면 '빵가게 재습격'*하지 않아도 된다.

 *빵가게 재습격 : 무라카미 하루키의 소설 제목

꽃을 위한 진혼곡

'어, 저게 뭐야!'
'수목원이 뒤집어지고 있잖아.'
누구를 위한 반란인가. 산더미보다 더 많은 쓰레기를 꾹꾹 눌러 강제로 매립한 곳. 어린 것, 늙은 것 구별 없이 한 군데로 몰아넣더니 흙을 덮어 압사시킨 곳, 구덩이를 파고 산 생명을 생매장하여 아우성치는 것을 질식시킨 곳. 설마설마했으나 결국 일이 터지고 말았다.

생명체를 매립한다는 건 엄연히 살인 행위. 비록 식물이 말라 열매 상태라고 해도 다음해 봄이면 다시 움이 틀 터, 너무 깊이 묻어 버리면 올라오기도 전에 목이 부러져 버린다. 겨울잠을 자다 겨우 기지개를 켜는 것을 뒤집어 뭉개고 거기다 살아 있는 다른 것을 집어넣었으니 이건 알리바이조차 성립되지 않는 엄청난 자연 파괴이다.

그때 연극반에선 꽃을 위한 퍼포먼스 연습 중이었다. 한 송이 꽃을 피우기 위해 주위의 힘든 상황을 극복하고 처연하게 올라온 꽃대, 무릇 바라보는 이들이야 그 자태와 향내에만 취할지 몰라도 그 과정이 얼마나 만만찮았는지를 대신한 작은 외침이었다.

연극반 회원은 다양했다. 지역 주민, 비정규직 노동자, 경비원, 마트 종사자, 취업 준비생, 아르바이트생 등. 채 못 피우다 가는 꽃을 위한 작은 외침, 온전한 꽃 한 송이 피우려는 도우미들이었다. 아픔은 아는 자만이 이해할 수 있다고 없는 시간을 분할하여 너도나도 동참하였다.

매립장 건립은 처음부터 주민 반대가 컸다. 하지만 그 소요를 잠재우기 위해 철거민 진압 특공대처럼 조직된 그들, 그들은 지역 주민을 달래기 시작했다. 난데없는 경로잔치에다 해외여행, 문화시설 확충 등. 이 당근 앞에 주민 대표 몇 명이 매수되었다. 하지만 대부분 꽃동산에 전령사로 다가오던 진달래며 이름 모를 야생화, 미친 듯이 달려오던 상사화의 자태를 잊지 않으려 반대표를 던졌다.

무엇보다 인근 땅값 하락에 우려하는 지주들이 문제였다. 오 년 동안 비닐하우스 소작을 준 이들은 여차하면 토지 보상을 받기 위해 자기 땅에 유실수 한 그루라도 심을 준비를 하는 이들이었다. 그들은 지주들을 어르고 달랬다. 쓰레기가 썩으면 더욱 수목이 잘 자랄 것이라고 환경이 좋으면 땅값 걱정 없다고 토닥였다. 그 사이에 주민들간의 소소한 갈등이 있었다. 결국 자본의 이익을 위해선 손바닥 뒤집기로 마음을 바꾸는 이들이 생기기 시작했다.

일은 일사천리로 진행되었다. 담당 관청 광장에 모여 단체 시위를 벌여도 돌아가며 일인 시위를 하여도 결국 작은 당근 몇 개만 던질 뿐이었다. 그들은 입을 모았다. 큰일을 하다 보면 소요 정도는 감안해야 한다며 눈 하나 깜짝하지 않았다.

다음 해 봄, 꽃은 피지 않았다. 진달래 꽃망울은 보이지 않았고 꽃다지도 광대나물꽃의 가는 흔들림조차 없었고 상사화는 비닐에 눌려 숨 한 번 쉬지 못하고 영원히 꽃도 잎도 실종되었다. 번져 오던 아우성 같은 냄새 앞에 두통을 호소하던 이들은 하나둘 이주하는 일이 생겼다. 새로 적응하는 이들은 미처 느끼지 못하겠다고 고통을 호소했다.

매립지가 흔들리더니 깊게 갈라진 빙하 틈에 빠져 갇혀 있던 수많은 매머드가 솟구쳐 올랐다. 뾰족한 상아가 누군가를 향해 화살촉을 앞세우고 밀려오고 있었다. 희멀겋게 눈이 뒤집힌 돼지도 튀밥처럼 튀어 올랐다. 지하철 폭발 사고 때 하늘 높이 솟아오르던 복공판의 용솟음 그 이상이었다. 거대한 꽃의 외침, 그것은 살아 있는 것의 반란이었다.

관리실 건물은 이미 강풍 앞에 맥없이 쓰러진 나뭇가지가 된 뒤였다. 거대한 싱크 홀 안으로 물상들이 하나씩 빠져들어 가더니 일시에 평면으로 변해 버렸다. 점점 다가오더니 연극반이 있는 건물을 향해 밀려오고 있었다. 피하기엔 이미 늦었다. 갑자기 어수선한 연습실 안의 풍경, 대형스크린에 나타나던 쓰나미가 실제로 눈앞에 나타나자 모두 당황했다. 곱다시 당해야만 했다.

처음 겪는 일이 아님을 모두 알고 있어서인가. 모두 음악을 틀고 춤을 추기 시작했다. 이마엔 땀과 긁힌 자국, 흐르는 피로 흰옷이 붉게 물들어갔다. 가쁜 숨을 쉬던 이들의 얼굴에 점점 미소가 번지기 시작했다. 우리들이라도 희생하여 꽃과 나무와 흙에 진 빚을 갚으리라 모두 평정심으로 돌아갔다.

어, 용암처럼 흘러내리던 용트림이 연극반 건물 앞에서 갑자기 일시 정지하더니 역류하기 시작했다. 점점 액자 속 그림으로 들어갔다. 허밍, 허밍으로 리듬을 잡아갔다. 꽃을 나무를 애먼 생명체를 위한 진혼곡, 어깨와 가슴 사이를 오가며 퍼포먼스는 출렁거림으로 이어졌다. 손에 손을 잡고 눈에 눈을 연결한 동작 하나 하나가 그대로 동심원으로 번져 나갔다.

온누리가 꿈처럼 꽃의 천지다. 때가 되어 찾아온 자연의 섭리, 일부 앞서려는 자들은 또 다투어 자신의 공이라 내세운다. 꽃잎은 '펑, 펑, 펑!' 머리카락을 풀어헤치고 안 보이는 곳을 향해 눈물을 흘린다. 아직도 지하 깊숙한 곳에서 절규조차 하지 못하고 사라져 간 소리를 위한 레퀴엠requiem의 시작, 꽃은 무겁고 침울한 퍼포먼스를 반복한다. 달콤한 유혹 앞에 멋모르게 춤만 추고 있는 이들을 안타깝게 바라보며 누군가의 입에서 흘러나오는 가느다란 탄성.

꽃들은 웃고 싶네, 나무도 살고 싶네
그들은 울고 있네, 춤은 영원하네

'벚꽃 엔딩'과 '봄이 좋냐'

그대여 우리 이제 손잡아요. 이 거리에 마침 들려오는 사랑 노래 어떤가요. 오예 사랑하는 그대와 단둘이 손잡고 알 수 없는 이 거리를 둘이 걸어요. ~사랑하는 연인들이 많군요. 알 수 없는 친구들이 많아요. 흩날리는 벚꽃 잎이 많군요. 좋아요.

—버스커의 〈벚꽃 엔딩〉

명문대를 나온 하석은 삼 년째 취업준비생이다. 대학 재학 시 열심히 공부하여 우수한 성적으로 졸업했다. 하지만 다른 친구에 비교해 내세울 만한 스펙이 약했다. 그 흔한 어학연수조차 하지 못했고 주위의 인맥 또한 없었다. 지방에서 부모님과 같이 상경해 고등학교에 진학했다. 부모님은 빌딩의 청소부로 줄곧 일하며 하석의 뒷바라지에 전념했다.

부모님의 지나친 기대감, 무언의 압박을 주는 여자 친구, 계속되는 취업의 탈락. 그래도 녹록찮은 현실에 대응하기 위해 열심히 공부했다. 하지만 어쩌랴, 그런 하석의 손을 잡아 주는 곳은 어디에도 없었다. 마침내 하석은 한 가지 음모를 꾸몄다.

어느 날 하석의 손엔 첫 봉급 선물꾸러미들이 들려 있었다. 부모뿐 아니라 여자 친구는 금방이라도 복권에 당첨된 양 기뻐서 어쩔 줄 몰라했다. 하지만 잦은 음주와 점점 초췌해지는 모습을 본 여자 친구의 집요한 다그침, 꽃눈 내리는 벤치 아래서 하석은 여자 친구에게 고백했다. 그나마 한 가닥 정신적 희망이었던 여자 친구는 뒤도 돌아보지 않고 떠나버리고 말았다.

대기업 취업은 거짓말. 새벽에 득달같이 일어나 광고지 돌리기, 세차장 종업원, 야간엔 대리기사까지 닥치는 대로 일을 했다. 어느 날 만취한 대리운전 의뢰인의 지나친 말과 행동, 상처받은 몸을 추스르며 얼른 일어나 돌아본 자신. 그동안 스트레스가 쌓일 때마다 치유책으로 마시던 술, 자기만을 위해 밤낮없이 노력하는 부모님에 대한 죄책감으로 벚꽃 지는 옥상에서 하석은 표표히 떨어졌다.

손잡지 마 팔짱끼지 마!
끌어안지 마. 제발 아무것도 하지 좀 마.

설레지 마. 심쿵하지 마. 행복하지 마.

내 눈에 띄지 마. 봄이 그렇게도 좋냐 멍청이들아.

벚꽃이 그렇게도 예쁘디 바보들아.

결국 꽃잎은 떨어지지. 니네도 떨어져라.

몽땅 망해라.'

―10cm,〈봄이 좋냐〉중에서

두 청춘의 노래가 항간에 뜨겁다. 이쪽이냐 저곳이냐, 양자택일의 세상에 사는 우리네 현실. 그 앞에서 어느 목소리를 택할 것인가. 어려운 문제다. 수백만 명의 지원자를 물리치고 유일하게 한 명이 스타로 탄생되는 그 간난신고는 말로 표현할 수 없다. 눈물조차 나오지 않을 만큼의 비애와 환희가 겹쳐질 때 우뚝 선다. 그를 위해 초등학생부터 대학, 심지어 중년의 나이에도 올인한다.

도덕만 앞세우는 상처 입은 우리네 기성세대는 이제 출근길 러시아워 때 대중교통을 이용하기가 겁이 난다. 심심찮게 SNS를 통해 접하는 가슴을 두드리는 장면, 언제까지 바라보고만 있느냐고 통탄하지만 어쩔 수 없는 상황인 것을 어쩌랴. 우선 눈에 보인다고 부가 축적된 건 아니란 건 삼척동자도 모두 아는 사실인 것을.

꽃이 핀다고 마냥 좋은 일이겠는가. 실패한 자의 변명으로만 돌리기엔 우리의 현실이 어둡다. 꽃 피는 상황을 패러디한 두 젊은 가수의 역설 앞에 우린 얼마나 주춤해 보았는가. 물론 모든 일을 비관적으로만 논해서도 안 될 터, 그렇다고 상대를 몰아세우듯 지나친 깨춤 또한 자제해야 할 일이다.

꽃놀이 들놀이로 정체된 자동차 행렬 앞에 얼굴 위장한 할머니가 강냉이봉지를 내밀며 도움을 요청한다. 따뜻하게 창문을 연 적이 과연 몇 번인가. 흡사 바퀴벌레를 보고 킬러를 치듯 외면하는 우리의 정서, 숫제 취업을 포기한 청년은 '불효자는 놉니다'라는 노래를 부르며 아침에 일 나가는 노부모에게 '엄마, 식탁에 돈 만 원만 놓고 가'라며 기타 치며 노래한다. 현실이 그런데 내 자식이든 남의 자식에게든 '이놈!'이라고 할 수 있을까.

청년 실업만이 문제가 아니다. 노인 문제만도 아니다. 그냥 덮어버릴 일이 아니다. 언젠가는 해결해야 할 것들, 선거가 끝났다고 마냥 당선자의 기쁨만 바라보며 축하해 줄 일만은 더욱 아니다. 이젠 흩어져 있던 과일을 바구니에 주워 담아야 한다.

물 위에 떠 있는 오리의 수 없는 발길질 속에 숨어 우는 우리들의 정서, 어쩔 것인가. 이 흐드러지게 피는 꽃 잔치 아래서 마냥 웃고만 있기엔 우리 앞에 놓인 현실이 지나칠 정도로 아프다. '벚꽃 엔딩'을 부르는 청년들은 기타를 내리고 내년에 필 꽃을 기다릴 것이고 '봄이 좋냐'를 부른 이들은 또 여름꽃에 딴지를 걸 것이다. 낙선한 후보자의 흐느낌과 노란 리본이 찢어진 현수막이 되어 봄 속으로 비틀거리며 걸어가고 있다.

'청년 실업률 11.8%. 실업자 수 115만 5000명'

독사의 혀, 바늘 구멍

　독사는 손가락을 기다리는 게 아니다. 지겟작대기 구멍만 한 크기의 비밀 공간, 독사가 똬리를 틀고 몸을 말리고 있을 뿐이다. 그곳은 노출되지 않은 곳인데 사람들은 자기 손가락만 노리는 줄 안다. 그러다 작대기를 들고 정확하게 독사의 몸, 특히 머리를 때린다. 저항하지만 허사, 사람은 뱀이 자기에게 적개심을 품고 있다고 착각한다. 뱀은 자기에게 해코지 하지 않으면 선제 공격을 하지 않는다.
　그저 눈에 보이는 붉은 유혹은 반대급부만 생각한다. 독사가 손가락을 원하는 게 아니라 손가락이 독사를 유혹하는 것이다. 지나친 자아결핍, 피해망상증, 자기가 당했던 모든 주변의 일을 미물에게 보상하려는 얄팍한 심리전이다.

독사는 위험으로부터 살아남기 위해선 엄연히 자기방어의 요소가 있어야 한다. 한 줌도 되지 않은 독기 하나만 믿고 쉽게 노출되는 일, 차라리 강한 보호색으로 위장이라도 하면 당하지 않을 텐데, 무엇이 그리 자존심이 상했는지 꼿꼿하게 대항하려는 자세, 분명 승부는 정해진 일인데 계란으로 바위 치는 항거가 종종 일어난다.

이별의 고통을 애먼 곳에서 찾으려는 속성, 작대기로 인정사정없이 독사를 내리치는 일, 결국 자신의 몸뚱이를 자해하는 일, 주위에 있는 물상 하나하나 사라진다고 해서 그 병은 치유되지 않고 결국 자신은 더욱 피폐해진다는 사실, 이것은 반복된 학습에서 습득된 습관이 아니다. 나보다 약해 보이는 대상물에게 가하는 잔인한 본능일 뿐이다.

작대기를 곁에 두지 마라. 독사와 눈을 마주치지 마라. 나 자신에게 속죄할 일을 저지르기 전에 원인 제공되는 빌미를 원천봉쇄하라. 그러기 위해선 거대한 블랙홀을 대신하여 공간을 최소화해야 한다. 독사에게 보이는 지겟작대기 구멍은 어디까지 자기 눈에 비친 우주일 터, 면적을 줄이는 최선의 방법을 찾아볼 일이다.

차라리 바늘을 가져라. 참깨 씨앗 파종하려면 바늘귀로 구멍을 뚫어라. 그곳에 모래알보다 더 작은 서너 개 씨앗을 파종하면 사나흘 후에 싹이 나올 것이다. 비둘기의 주둥이는 감히 구멍 속의 꿍꿍이 속셈을 미처 알아차리기도 전, 싹은 이미 나와 있을 것이다. 더는 구멍에 독사가 도사리고 있지 않다. 바늘은 독사만큼 아프기 싫어서이다.

어느 날 눈에 보이는 커다란 구멍이 툭툭 불거진다. 혹은 혼자서 감당하지 못할 것도 나온다. 여러 가지 방법으로 구멍 메우기 작업은 시작된다. 흙, 모래, 시멘트, 테이프, 접착제 등을 사용하지만, 그 구멍은 시간이 지날수록 더욱 커지고 테이프로 붙인 사금파리 조각은 잘게 부서지고 말아 감당할 수 없다. 간단하게 마무리할 것을 두고 사람은 눈덩이처럼 커진 일을 수습하려 애쓴다.

이 모든 것이 자기에게만 다가오는 줄 안다. 불행은 모두에게 오지만, 행복은 준비한 사람에게 오는 법이다. 다른 사람의 옷 속을 가만히 들여다보라. 아무것도 보이지 않을 것 같았던 기름진 곳이다. 앗, 거기엔 수많은 구멍이 뚫려 있다. 서로 먼저 나오려고 아우성을 친다. 다른 사람은 움덜돌기 같은 작은 것이 밖으로 나오지 못하도록 온몸으로 막아낸다.

래퍼가 힙합을 추며 가위 꺾인 몸동작이거나 뿌리를 뽑기 위해 흐느적거리는 등 여러 가지 방법을 쓰고 있다. 그들을 몸 밖으로 나오지 못하도록 방어막을 구축한다. 그러다 보니 구멍이 전혀 없는 듯 보인다. 다른 사람은 그렇게 태연하다.

독사는 약이 오른 것이 아니다. 하루가 멀다고 산을 깎아내고 그들의 보금자리에서 안주하지 못하자 터를 찾을 수밖에 없다. 막다른 골목에 부딪힌 쥐는 고양이로 돌변할 것이다. 그들 앞에 길을 막고 있는 어리석은 손가락이여, 마지막 독기까지 뿜어내고 산화할 붉은 유혹이여.

나는 보일 듯 보이지 않는 위장막 앞에 눈을 감고 만다. 어둑한 길거리를, 신문 첫 장을, 뉴스를 접하기 싫다. 이젠 숫제 눈앞에 보이는 모든 것이 남이다. 독사는 신음 한 번 내지 못하고 작대기 세례를 받을 것이다. 내 몸에 난 바늘구멍은 점점 지겟작대기가 뚫은 만큼, 독사가 똬리를 틀고 있을 공간으로 커지고 있다.

'스스스'

독사는 딱따구리처럼 긴 혀를 내밀고 저항하지만 허사, 결국 또 슬픈 눈물을 흘릴 것이다.

콘서트

 땀이 날 듯하다가 말라버리고, 눈물이 나올 듯하다가 들어가버린다. 모르는 곡인 듯하다가 다시 새록새록 떠오른다. 그의 콘서트엔 손수건이 필요 없었나.
 칠십이 다 되어 가는 나이였다. 그 나이에도 옷을 벗고 무대에 나오는 그를 보고 싶지 않았다. 우연히 생긴 티켓이 시간 낭비가 될 것으로 생각했다. 대충 보다가 일어설 생각이었다. 얼굴엔 얼마나 인공을 가했는지 주름살 하나 없었다. 흔히 있어야 할 뱃살이나 눈두덩조차 전혀 찾아볼 수가 없었다. 게다가 눈가에 눈웃음까지 치니 더욱 믿을 수 없게 만들었다. 저런 모습으로 뭇 여성의 애간장을 얼마나 녹였을까.
 결혼도 몇 번씩이나 했다. 사회를 떠들썩하게 했던 유명 여배우

와도 결혼하고 그 생활이 오랫동안 지속하지 않았다. 어떤 이는 그런 그를 두고 '그라고 별수 있겠어. 연예인 다 그렇지 뭐'라며 비아냥거리기도 했다.

하지만 공연을 하는 동안 그는 철저했다. 두 시간 반 동안을 자리 한 번 뜨지 않고 마이크를 들고 있는 그나, 이층 구석에서 무언가를 꼬집어내려고 눈 한 번 돌리지 않고 바라보는 나나, 시간의 개념은 이미 없었다. 고향을 갔다가, 유년시절을 들락거리다가, 어느 부분에선 강력하게 사회에 관해 이야기할 때는 노래하는 가수가 아니라 모인 관객의 마음을 달래주는 의사와도 같았다. 얼마나 힘들게 살아온 삶이냐며 관객의 손을 잡았을 땐 이미 대중가수가 아니었다. 젊은 가수들의 공연도 더러 보았으나 이보다 간담을 서늘하게 하지는 않았다.

사실 내 생각엔 그때까지 각본에 짜인 대로 행하는 것이려니 했다. 로봇 하나를 움직이기 위해 보이지 않는 곳에서 얼마나 많은 가식의 노력을 하고 있을까, 분명 수많은 사람의 마음까지도 들락날락하였으리라. 그런 생각을 했다.

그렇지만 공연이 무르익어 갈수록 나의 편협한 생각은 서서히 무너져내리기 시작했다. 그는 어린 나이에 전쟁을 겪고 피난을 다니면서 역사를 몸소 체험하였다고 했다. 간단없었던 그 시대의 설움을 혹 잊고 지낼까 하여 노래로 대신했다고 한다. 그래서 그의 곡曲과 시詩에는 역사가 녹아 있다. 내 생각이 고루한가 싶어 관객을 둘러보았다. 그런데 의외로 젊은 사람도 많이 눈에 띄었다.

그리고 어려운 시절은 없었겠는가. 어쩌면 지금이 더 어려운 때인지도 모른다. 젊은 시절 다른 동료는 텔레비전이나 라디오 방송에 들락날락하며 인기를 잡고 있을 때, 그는 자기 관리에 철저했다. 정해둔 장소나 공연 외에는 자신을 함부로 다루지 않았다. 방송 출연도 매한가지였다. 저렇게 콧대 높이다가 나무에 떨어지면 다시 오르지 못할 거라며 주위에선 시기 반 우려 반이었다.

예상은 적중했다. 우후죽순처럼 쏟아져 나오는 신인들에 가려져 기성 가수들은 설 자리를 잃었다. 직업을 바꾸기도 하고, 해외나 아무도 모르는 곳으로 도피하기도 하였다. 한 번 눈을 돌린 현실은 절대 그들을 되돌아보지 않았다.

그는 나를 참으로 부끄럽게 만들었다. 변변한 글줄 한 번 써보려고 설치는 모습이 부끄럽기만 했다. 깊은 사고 속에 기다릴 줄도 모르고 감정만 앞세워 남 앞에 덜컥 내보이곤 작은 칭찬에 우쭐하고, 질책엔 그만 주눅이 들어 연필을 던져버리기 일쑤가 아니었던가. 오래 삭일수록 진한 맛이 우러난다는 말을 하루에도 수십 번씩 되뇌고 있었는데, 오늘 그의 콘서트는 나에게 이렇게 말하는 것 같았다. '일하는 것은 마치 한 우물을 파는 것과 같다. 비록 아홉 길을 팠다고 해도 샘물이 나오는 데까지 미치지 못한다면 우물을 포기함과 같다.'라고.

급변하는 사회는 인간을 깊은 생각에 젖게 만들지 않았다. 아이들에게선 손과 머리에서 사고를 빼앗아 가고 어른들에겐 감정을 앗아갔다. 모두 단순한 것을 좋아하게 되었다. 그러다 보니 모든 일에 생명은 자꾸만 짧아졌다. 평생직장이란 개념이 없어지고, 사랑도 길면 손해라고 이혼율도 높아져 간다. 여기에 아이들은 어디로 갔는지 보이지 않고 사회체질마저 바뀌어 간다. 이래서는 안된다고 외칠 때는 이미 늦은 것이다. 반짝 유명하던 작가가 몇 작품을 내곤 오랫동안 침묵하는 모습을 종종 본다. 시야에서 보이지 않으면 독자는 금방 외면해버린다고 모두 이야기한다.

그는 예측했을까. 삭막해져만 가는 모든 생명은 원초의 모습을 회귀하는 습성을 가지고 있어서인가. 원조를 꿈꾸던 현대인은 늘 베일에 싸여 있는 그에게로 눈을 돌린 것이다. 그는 이날이 오기를 기다렸다. 당시의 동료는 이미 기름기 빠져 말라버리고 주름살까지 늘어져 되돌릴 수 없는 지경까지 이르렀는데, 그는 이제 서서히 활개를 펴고 있다.

언제 어디서나 궁핍하지 않은 묵은김치 같은 글을 쓰고 싶다. 잠깐 반짝이다 들어가 버리는 일회성 가수와는 다른 글을.

공연의 하이라이트는 찢어진 청바지에 러닝셔츠를 입고 나올 때였다. 영상물로 몇 차례 봐왔지만 이렇게 직접 바라보니 그 열정에 자연스럽게 동화되어 손뼉을 치며 따라 부르는 그와의 노래는 이미 하나가 되어 있었다. '나의 온몸은 바로 기쁨이다. 노래다. 검이다. 불꽃이다'라고 그는 시인 하이네가 된 듯했다. 나는 누구에게 저렇게 뜨거운 가슴을 열어 주었는가를 생각하니 울컥 설움이 복받쳤다. 콘서트를 사 년 내리 보고 있다는 한 할머니가 앞으로 얼마나 더 저 멋쟁이를 볼 수 있을지 모르겠다며 울먹이기까지 했다.

'오빠! 오빠!'라며 환호성을 치는 중년 여인들의 손이 그렇게 친근하게 보일 수가 없었다. 여기저기서 그의 이름을 부르며 '앙콜'을 외친다. 땀인지 눈물인지 연신 훔치고 있었다. 그는 과거만을 돌아보며 눈물짓지 말라고 발가벗은 모습으로 서 있었다. 찬란한 현재와 미래를 보고 살라고 절규하고 있었다.

손에 쥐고 있는 손수건은 이미 젖어 있었다.

또, 하루

'어, 방금 세워둔 차가 어디 갔지'

귀신이 곡할 노릇. 갈증이 나서 잠시 시동을 끄지 않고 가게에 들러 물 한 병 사고 온 사이, 택시는 거짓말처럼 자취를 감추고 말았다. 혹시 상인들이 거치적거린다고 앞쪽으로 순간 이동을 시켰나 싶어 인근을 샅샅이 둘러보았으나 택시는 보이지 않았다.

"방금 여기 서 있던 택시 어디 갔는지 아세요?"

콩나물 할머니에게도 생선가게 아저씨에게도 물어보았으나 묵묵부답이다. 이럴 어쩐다, 부지불식간에 당한 일이라 어찌 손을 써야 할지 몰랐다.

불현듯 시내버스 기사가 잠시 용변 보러 간 사이 주인 잃은 버스는 두리번거리며 눈을 비볐다. 도대체 어딜 갔느냐고 비켜 세운

바퀴를 낑낑대며 바로 정렬하려 든다. 마침 지나가는 덤프트럭의 울림으로 차츰차츰 원상회복되고 있다. 도대체 차 안에는 할머니 한 명과 학생이 타고 있는데 어디 간 거야. 때마침 다른 번호 버스가 지나가자 바퀴가 굽은 철사 펴지듯 일직선이 된다. 사이드 브레이크 풀리는 건 식은 죽 먹기, 흔들흔들 털털털 주인 없는 차는 질주한다. 버스 안은 아수라장, 백미러 뒤로 채 올리지 않은 지퍼를 움켜잡고 달려오는 주인, 그거 봐, 내가 뭐랬어. 집 비우고 다니지 말랬잖아.

 요즘 통 일이 없었다. 새벽 인력시장에 나가 봐도 선뜻 손을 잡고 가는 이도 없어 빈손에 막걸리 몇 잔만 걸치고 불콰해진 얼굴로 귀가하던 터였다. 얼마 전까지만 해도 건축 현장에서 손만 들면 데려갔다. 도시 변두리 비닐하우스 채소밭에서 오는 봉고차가 줄을 이었는데 그도 저도 철이 시나 휑한 바람민 불 뿐이었다. 그러던 중 어떻게 알았는지 택시회사에 다니던 친구에게서 전화가 왔다. 요즘 택시가 괜찮다고 했다. 기본요금도 오르고 대우도 괜찮으니 택시를 한번 해보라고 종용했다.

 '재수 없는 놈은 뒤로 넘어져도 코가 깨어진다.' 어떻게 하지, 친구의 얼굴이 떠오르고 이 행위에 대한 책임이 얼마나 클지 생각하니 기가 막힐 노릇이었다.

 친구는 알코올 중독 증상이 심했다. 남들이 학교에 다닐 적부터 회사에 취직해서 일찍 사회를 알아 채 스무 살도 되기 전에 동거생활을 시작해 할아버지가 된 지 한참이나 되었다. 돈 씀씀이도 남달라 동네 인근 술집에는 그를 모르면 간첩이라고 할 정도로 이름이 나 있었다. 그렇지만 사람은 좋은데 술만 한잔하면 개차반이었다. 그래 마누라는 그런 친구를 데리러 오느라 넌더리가 난다고 그 집 앞을 지날 때마다 부부싸움 소리를 듣고 있었다. 그러다 큰 아들이 교통사고로 사망하자 친구의 폭음은 점점 그 도가 심해갔다. 심지어 가까이 있던 친구조차 그와의 동석을 피할 정도까지 되었다. 그의 생활은 점점 궁핍해져 갔다. 남아 있던 중고차마저 팔더니 저층 아파트 전세도 내놓고 동네 허름한 사글세 주택으로 옮겨 갔다.

'어, 이러다 수면무호흡증으로 일어나지 못하는 거 아니야.'

당최 잠을 이룰 수가 없었다. 어젯밤에도 12시가 넘어 겨우 눈을 감았지만 새벽 3시가 되기 전에 일어났다. 겨우 잠들었으나 코골이로 온 방이 떠나갈 듯했다. 단말마처럼 끊어졌다 이어지길 수차례 아내조차 각방을 쓰자고 한 지가 벌써 오래되었다. 코에선 콧물이 줄줄 흐르고 기침이 계속 나왔다. 양쪽 코를 휴지로 틀어막고 입으로 가늘게 숨을 쉬고 있었다. 두 개의 동굴이 막혔을까 싶어 코를 풀듯 힘을 주어보았지만 더는 뚫리지 않았다. 평소 의사가 억지로 코를 풀지 말라는 말은 이미 잊은 지 오래다.

'코로 숨을 한 번만이라도 쉬어 보았으면.' CF 광고대로는 언제나 요원한 일이었다.

어젯밤엔 복통까지 동반했다. 무얼 잘못 먹었을까 생각해 봐도 당최 떠오르지 않았다. 속에서 부글부글하더니 대변에 거품까지 동반했다. 고구마처럼 쑥 빠지던 그때가 그립기만 했다. 있는 거 없는 거 모두 소진하고 난 중년, 노후가 암담하기만 한 이때, 비교할 수 있는 이는 아무도 없었다. 텔레비전 화면에 언뜻언뜻 비치는 상위 몇 프로의 성공한 이들의 기름진 얼굴이 얼비칠 때마다 그들에게 박수를 보내는 것보다 질투로 보이는 건 아직도 배가 덜 고파서일까.

며칠 전에는 동갑내기 지인의 영안실에 갔다 왔다. 오 년 전 심장수술을 받았는데 담배에다 술, 그리고 힘든 운동이 원인이었다. 그날도 마라톤 동호회에서 운동을 하다 그냥 스르르 잠자 듯 넘어갔단다. 군내 축제 때 내리 3년 동안 마라톤 완주를 했단다. 어디 그뿐이랴, 전국 마라톤대회에 누구보다 먼저 신청을 하여 완주하며 흡사 젊은이처럼 건각을 과시했다. 그러다 지난해 인접 지역 하프마라톤대회에 나갔다가 5km도 못 가 심장이 터질 듯한 고통으로 중도에 포기했단다. 전조 현상이었을까. 그때부터 조심했어야 했다. 급한 불이 꺼지자 남편은 또 폭음과 흡연으로 지난 시간을 잊었다고 했다. 부종 든 얼굴에 갈라진 논배미 같던 입술, 이렇게 허무하게 갈 줄 누가 알았겠느냐며 부인은 가슴을 쥐어뜯고 있었다.

택시의 조회 결과가 들어왔다. 친구의 소행이었다. 애초부터 계획된 일이었다. 내 뒤를 미행하며 일거수일투족을 바라보며 기회를 노리고 있었다. 이때다 싶어 내게 덫을 놓은 세상의 인심, 멋도 모르고 모든 일을 좋게만 생각하던 얼치기에게 함정을 놓은 것이었다. 앞뒤 정황을 따지지 않고 무조건 믿었던 게 잘못이었다. 하필이면 목표가 나란 말인가. 오죽했으면 내게 이랬을까. 난 또 긍정의 마인드로 결론을 짓는다.

한 편의 막장 드라마 같은 일. 세상에서 제일 무서운 건 바로 사람이라고 했던가. 그렇게 믿음이 가진 않았지만, 자신이 위기에 처해 있을 때 누군가 구원의 손길을 보내면 앞뒤 견주지도 않고 덥석 먹이를 먹는 건 누구에게라도 있을 수 있는 일이다. 오히려 고맙다고 인사를 하는 그 뒷면에 두 얼굴이 도사리고 있을 줄이야 어떻게 알았으랴. 좀 더 가진 게 있고 기름기 흐르는 이를 택했다면 좋았을 텐데, 오늘 밤은 또 어떻게 잠을 이룰까. 용광로처럼 끓어오르는 분노보다도 산동네에서 세상 모든 일을 잊고 자연인으로 살아가는 이들의 냉수마찰처럼 초연해지길 바란다. 왜 나도 저들과 같은 생을 살지 못할까. 수 없이 되뇌어보았다. 끈, 내가 만들어 놓은 인연 때문에 이도 저도 못 하고 있지 않은가.

전기장판 스위치를 분명 꽂았는데 열전달이 되질 않는다. 며칠 전까진 이상이 없었다. 사용설명서도 보지 않은 채 이리저리 꼽고 빼고 뒤집어 보지만 원인을 통 알 수가 없다. 꿈으로 다가온 그와의 대화, 현실과는 괴리감이 있긴 하지만 생생하게 이어지던 지난밤의 경험. 세상사가 서로 불신으로 이루어지다 보니 애먼 그가 내게 현몽으로 다가왔다. 좁은 내 안의 세계 속에 그는 내 영역의 희생자가 된 것뿐이다.

내가 알고 있는 영역, 남이 더 많이 알고 있는 그 범주에 도달하기 위해 매일매일 눈을 켜고 다니고 있다. 하지만 한계가 있다. 하루치 생을 사는 이들에겐 우선 급한 것이 일용할 양식뿐인데 어디 남의 구역까지 침범할 수 있을까. 약해진 작물엔 물이 우선이다. 급하게 먹은 그 맹물에 체할 수도 있다.

눈에 보이는 것이 일시적으로 사라진다고 존재 자체가 없어지는 것이 아니다. 걸치고 있는 옷가지만 벗는 것뿐이다. 문제는 영혼만 종식하는 것이다. 자기 설 자리가 아닌 줄 알면서 점점 나약해져 그곳에 안주하고 동화되어 갈 때 수많은 자책과 비난을 받게 된다. 언젠가는 돌아갈 것이라는 희망 하나를 가지고 하루를 살다 보면 녹슨 영혼을 다시 반짝반짝 빛나게 닦을 수 있다. 단지 그 끈을 영원히 놓치지 말고 자신을 믿는 것만이 살길이다.

창문 너머 하늘을 바라봤다. 눈이 내릴 듯 또 찌뿌둥하다.

'하루라도 좋으니 이 굴레에서 벗어나 봤으면….'

입안에서 씹히지 않는 보리알처럼 뱅뱅 돌기만 한 넋두리.

'또, 하루'

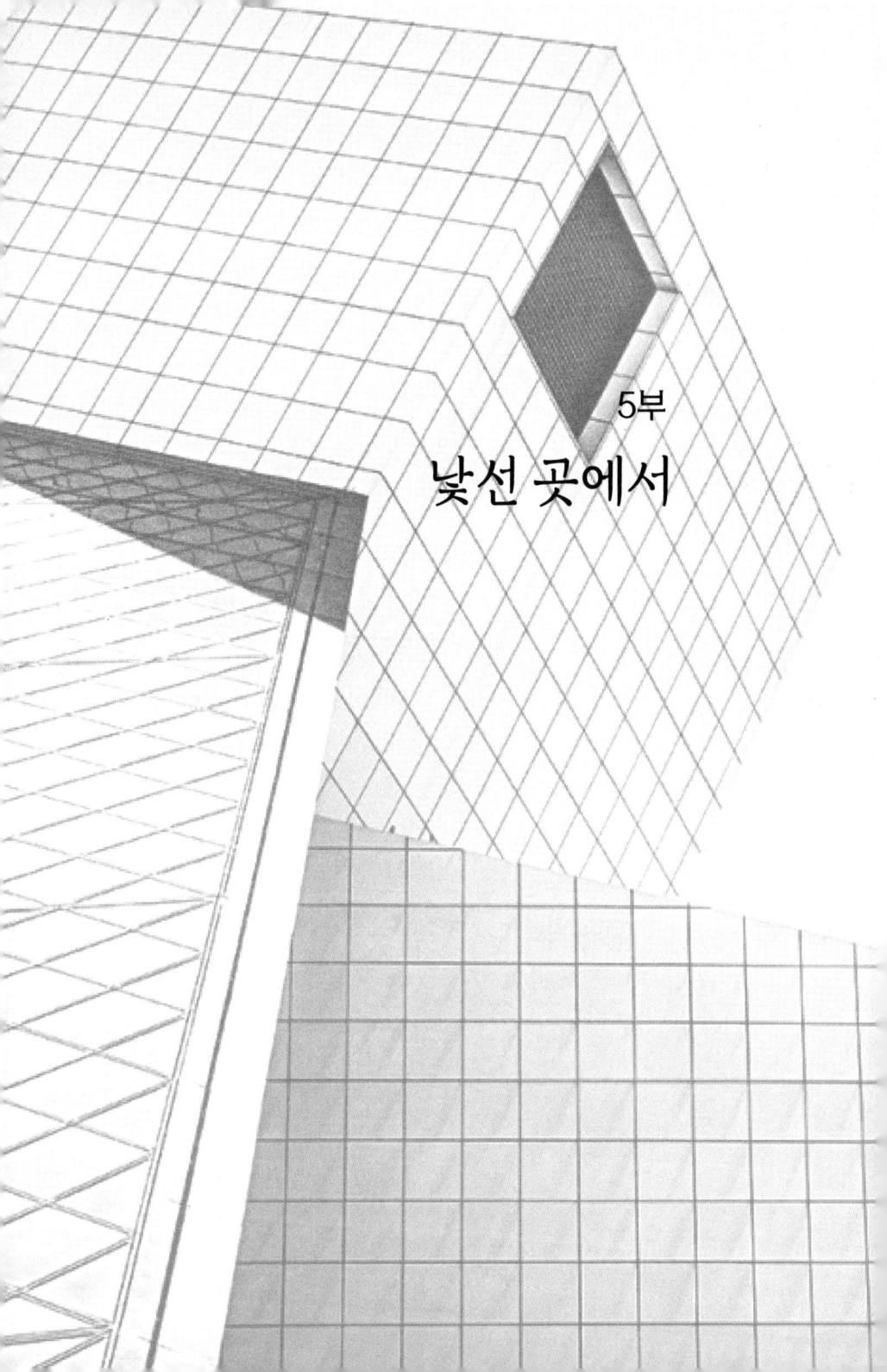

5부
낯선 곳에서

병 瓶

하나, 둘, 셋. 차체를 순간적으로 밀어넣는다. 뒤에서 새채기라도 할 듯 멈칫하더니 클랙슨을 울린다. 그뿐이다. 더는 어떠한 말도 행동도 보이지 않는다. 쌍깜빡이를 켠다.

1차선은 좌회전이고, 2차선은 직진이다. 내가 가야 할 길은 2차선. 그런데 1차선상에 서 있다. 1차선은 비어 있고 2차선은 뱀처럼 길게 꼬리를 물고 있다. 비어 있는 곳을 질주하여 2차선으로 합류해야만 한다.

들어가는 데도 요령이 필요하다. 선택할 차 중에 택시나 버스는 피해야 한다. 시간을 다투는 그들에게 일말의 양심은 있어야 하기 때문이다. 곁눈질한다. 늘어선 직선 주로에 트럭이 있다. 운전사는 작업복을 입고 있다. 하루 동안 힘든 일을 하고 퇴근하는 이가 신경을 곤두세울 일이 적을 것이란 생각이 든다. 앞을 비집고 들어간다. 여기까지가 끼어들기의 우선 법칙이다.

이제 목 부분을 통과해야만 한다. 그나마 빠져나가려면 또 느림보 걸음을 걸어야 한다. 외길이 끝날 때까지 어떤 복병이 기다릴지 아직은 모를 일이다.

일시에 부으면 쏟아진다. 특히, 병목을 통과할 땐 서두르지 말아야 할 일이다. 물상이 보여주는 단순한 진리 앞에서 욕심을 부리는 치희가 가당찮다. 무엇을 위해 그리 서두는가. 자책하지만 그때뿐이다.

늘 이렇게 여유를 두지 않는다. 미리 출발했더라면 이런 길에선 느긋하게 음악을 들으며 적당하게 남에게도 양보까지 하며 갈 수 있을 텐데, 막상 날짜가 코앞에 다가오면 허둥대기 일쑤다.

오늘은 문학단체의 정기모임이 있는 날이다. 더군다나 내가 발표를 해야 한다. 지금 이대로 간다면 늦는 건 불 보듯 뻔한 일. 그래 길에서 최대한 시간을 줄이는 방법밖에 별도리가 없다.

차선의 경계는 허물어진다. 모래시계 속의 가는 입자가 아래로 떨어지듯 차츰차츰 진행되고 있다. 이대로만 간다면 쉽게 통과될 것 같다.

'제발 이렇게라도 벗어나게 해 주세요.'

기다리는 동료의 얼굴이 빙글거리며 다가온다. 하지만 어쩌랴, 말이 씨라도 되었단 말인가. 차는 숫제 서버린다. 좌측에서 들어

오는 차에 밀려 꼼짝달싹하지 않는다. 거기다 접촉사고까지 났는지 온통 아수라장이다. 아뿔싸, 산업도로에서 밀려나오는 퇴근 차가 있구나.

그나마 시간은 두 배로 늘어난다. 앞으로 몇 백 미터 정도는 늘어서 있어야 할 일. 되돌아가려 해봐도 이미 돌릴 수도 없는 상황이다. 조급증이 나기 시작한다. 여기저기서 들려오는 클랙슨 소리는 귀가 마비될 정도다. 이대로 포기해야 하나.

언젠가 수도권에 볼일이 있어 간 적이 있었다. 의외로 그들은 교통 정체에 둔감한 듯했다. 차량이 밀려도 누구 하나 얼굴색이 바뀌지 않고 책을 보든가 음악을 듣고 있었다. 막힐 것 같으면 애초에 선택하지를 말 것이지 자기가 선택한 일에 후회하느냐고 질책이라도 하는 듯했다. 조급해서 다른 방도를 찾으려 했지만, 오히려 그 과정에서 애먼 시간을 더 허비한다고 치가 가는 대로 맡겨두라는 것이었다. '피할 수 없다면 즐겨라'고 했던가.

한참 만에야 차는 움직이기 시작한다. 그런데 먼저 가려고 또 싸우고 있다. 사람은 얼마나 망각의 동물인가. 애먼 조류나 어류를 빗대지 말아야 할 일이다. 머뭇머뭇하는 사이 내 앞에도 이미 두 대가 끼어든다. 뒤에서는 뭘 꾸물거리느냐고 경적을 울린다. 앞서 들어간 차는 미안한 기색 하나 없이 의기양양하다. '나의 순발력에 넌 굴복했어'라고 하는 듯하다.

난 지금 병甁 속을 탈출하고 있다. 수많은 의혹과 음모가 도사리고 있는 병 속의 현상들, 넓은 곳에선 그 이유를 묻는 이가 없지만 좁은 병목을 통과할 땐 본심을 드러낸다. 자존심이고 도덕이고 뒷전이다. 수단과 방법을 가리지 않고 오로지 빠져나가는 것만이 우선이다.

 탈진한 한 사내가 기진맥진하여 병 밖으로 걸어 나오고 있다. 눈앞엔 팔차선 대로가 펼쳐져 있다. 뒤돌아보니 지나온 길은 보이지 않고 비어 있는 반대차선만 보인다. 시간은 어느 곳으로 가야 할지 방향감각을 잃고 주춤거리고 있다.

내일이면 늦으리

"아침에 일어나 손가락을 펴서 나이 수만큼 머리카락을 훑어 넘기세요. 그 후 샤워기로 괄약근 운동도 같은 횟수로 하세요. 끝나면 생수 한 컵을 찬찬히 씹으면서 마시세요."

그는 이렇게 내게 다가왔다.

올해 일흔이다. 자그마한 키에 처지는 돋보기를 추어올리는 모습에 기성세대의 분위기를 느꼈다. 어찌 이곳까지 들어와 혼자 살고 있을까.

여느 사람들과는 다른 듯했다. 일에 욕심을 내지도 않고 절대 무리하지도 않는다고 했다. 과로로 몇 번 쓰러진 후부터 더욱 조심하고 있다고 했다.

다니던 성당에서 10cm 얼음 속의 나무를 옮겨 심었을 때 과연 때아닌 이식이 성공할 것인가에 주위 사람은 관심을 모았다고 했다. 나무 살리기는 일가견이 있단 말이 울타리 사이에 서 있는 오미자나무처럼 싱싱하게 들렸다.

몇 가구 되지 않는 시골 동네에 가족을 도회지에 두고 나와 있는 모습이 자칫 서글퍼 보였다. 하지만 나이답지 않은 그의 꿋꿋한 의지가 내겐 무엇보다도 크게 다가왔다.

산 좋고 물 맑은 곳이라고 다가온 자리는 어디에도 없었다. 부동산업자에게 의뢰해 보았지만, 의사와는 무관하게 지참한 금액에 맞춰서 장소를 골라야 한다고 했다. 바지 하나를 사더라도 색상과 디자인을 무시하고 치수에 몸을 맞춰야 하는 내 입장인 것 같아 싫었다.

고방 동네, 그 생김새가 농가의 부엌 옆쯤에 달린 광처럼 생겼다고 붙여진 이름이었다. 한 번 들어오면 더 지나갈 수 없고 되돌아 나와야 한다는 것이다. 이제 자리를 더는 옮기겠느냐는 그의 웃음이 풋풋했다.

동네의 형상은 꼭 통발 모양이었다. 싸릿대로 얼금얼금 엮었지만 그 사이로 물은 통과하고 고기는 그대로 남는다. 한 번 들어가면 다시는 나가지도 못하고 운명처럼 받아들여야 하는 사각지대. 그 앞에서 나는 망설였다.

돌이키면 왜 이렇게 현실에 집착할까 싶었다. 사람과 부대끼며 울고 웃으면서 살아가다, 그 나머지는 운명처럼 받아들이면 될 텐데 유난하다고 여겨졌다.

그가 펼치는 이론엔 검증할 만한 증거는 없다. 공중파 방송에서 봇물 터지듯 쏟아져 나오는 것도 아니요, 그는 전문 지식인도 아니다. 하지만 잇속만 따지는 사람들과는 뭔가 달라 보였다.

야생화 농원을 만들어 민간요법을 연구하여 만성병을 치료하려고 수십 년 전부터 구상하다가 이 년 전 모든 것을 뒤로하고 이곳에 정착하였단다. '자기의 병은 자기가 안다'며 스스로 치료하고자 함이었다.

현대인은 자신의 의사와는 무관하게 조금만 이상하면 약이다, 병원이다 하다 보니 몸은 이미 면역에 약해질 대로 약해져 있다. 알약 몇 알로는 효과가 나지 않는다. 치료법은 의외로 간단한데, 눈만 뜨면 아프다는 이들을 안타까워하고 있었다.

실상 나도 여러 가지 병중을 가지고 있다. 겉으로 보긴 멀쩡해 보여도 위장병, 고혈압, 신장, 심지어 항문병까지 가지고 있다. 세세히 살펴보면 온몸 어느 한 곳 성한 데가 없다. 그동안 얼마나 돌보지 않았으면 이럴까.

무엇보다 공허증 증세가 제일 심했다. 주위에선 걱정할 단계를 넘어섰다고 하였다. 오죽하였으면 내리쬐는 땡볕조차도 바라볼 수 없을 정도로 심약한 상태였을까. 그대로 녹아 없어져 버릴 것만 같았다. 그래서 나 자신이 치유책을 찾으려 고향 같은 산간 벽촌을 늘 그리워해 왔던 것이다.

올봄 병명조차 모른 채 현실에 묻혀 살아가던 지인이 홀연히 떠나버렸다. 곧 퇴원할 거란 기대감은 영원한 숙제로 남겨둔 채 날아갔다. 병명을 알았을 땐 이미 늦어버린 상태, 상태를 알아차리곤 힘없이 잡은 손으로 속삭이던 말. "한 달만이라도 아니 열흘쯤이라도 자연으로 나가봤으면…."

처음 그를 보았을 때는 문득 '무모함'이란 말이 생각났다. 생활에 허덕이다 보면 미처 자신을 돌보지 못하고 병이 들어 약해지는 사람들. 주변에 동료들이 쓰러져도 잠시 그 당시일 뿐, 벗어나려고 해도 인연의 끈 때문에 속으로만 애를 끓이는 사람을 보며 나 또한 그들의 전철을 밟고 싶지 않았다.

그로부터 연락이 다시 온 건 달포쯤 지나서였다.

"배추 심을 자투리땅 좀 남겨 줄까요?"

그가 일러준 건강 비법을 두 배로 늘리며 며칠째 고민했다. '내일이면 늦으리'란 말이 자꾸 입에서 맴돌았다.

권태

저수지에 물이 말랐다. 경운기가 다니는 농로에 아지랑이 대신 곰실곰실 먼지 알갱이만 날린 지 오래다. 보에 갇힌 강물을 방류해야 한다느니 찬반의 소리가 연일 뜨겁다. 하늘엔 전투기 편대가 그날을 상기라도 하라는 듯 요란하게 선을 그으며 지나는 유월.

'어지러운 사바세계 의지할 곳 바이 없어, 모든 미련 다 떨치고 산간 벽촌 찾아드니….' 창부타령 한 소절을 흥얼거리는 갓 도시에서 온 무지렁이는 오늘도 빈둥빈둥 구둘목 장군놀이를 하고 있다.

이장이 와서 자기를 따라오란다. 그의 1톤 트럭을 따라 내 오래된 갤로퍼는 헐떡거리며 천천히 가자고 손사래를 쳤다. 이장은 이 동네 저 동네를 다니며 고물을 수거하러 다닌다. 동네 앞에 상처

되어 놓여 있는 농자재 조무래기를 휘몰아치는 강풍처럼 차에 쓸어 담는다. 뒤 한 번 돌아보지 않고 공부시키는 방식이 올 테면 오고 갈 테면 가라는 식이다. 전직 의회 의원까지 지낸 양반이 무엇이 부족해서 저리 설레발칠까 생각도 해보았지만, 그는 의원 시절에도 그 흔한 넥타이를 맨 적이 몇 번 없었단다. 재선 가능성이 다분히 있었음에도 상대 후보를 헐뜯는 작태를 보곤 '고마, 됐다'를 반복했단다. 느티나무 아래서 노인들과 막걸리를 마시던 모습, 흡사 어떤 대통령 이미지와 같은 그다. 한시라도 놀고 있는 모습을 본 적 없었다. 논밭 농사, 비닐하우스 특수작물에 고물 수거까지 하고 있으니 누가 봐도 입을 한 번씩 대곤 했다.

 차를 그만 놓쳐버렸다. 삼거리 앞에서 연이어 쏟아지는 끼어들기 무리에 주저주저하다가 트럭을 잡지 못했다. 시골로 내려와 집 주변 말고는 변변히 돌아보지도 못한 젬병이라 인근 소재지는 그야말로 낯설었다. 보기 딱해 이장은 몇 번이나 시골서 살아가는 법을 귀띔해 주곤 했다. 되돌아와 다른 길로 들어가니 차량과 인파가 몰려 있었다. 기우제라도 지내는가. 허연 도포를 입은 제주들이 들락날락하고 쟁반에 음식 나르는 아낙들도 분주하였다. 잔치 앞뒤엔 언제나 술이 취해 헛소리하는 이들이 있으니 여기 또한 그랬다.

 "모든 것이 하늘의 이치여, 빈다고 그게 마음대로 되는가."

 떡 한 조각이라도 얻어먹을 양으로 다가가니 낯선 이를 아래위로 바라보는 눈짓이 예사롭지 않다. 누가 자기 강아지라도 발로 찼단 말인가. 상생의 미덕은 눈 씻고 봐도 없을 것 같았다. 비가 내리면 자기 동네만 오는 게 아닐 텐데, 왜 이리 구박이야. 이런 심보니 하늘 눈물도 바라기 어렵지. 그러구러 구시렁거리는 사이 이장 차 정도는 의문 밖이었다.

고깔 쓴 무용수가 춤을 춘다. 모인 이들은 빌고 또 빈다. 언젠가 본 남해별신굿, 풍어제였던가. 여인의 얼굴은 붉고 부드러웠다. 어찌 저 얼굴로 하늘의 구멍을 찌를 수 있을까. 아랑곳하지 않고 버선발을 들었다가 놓고 손끝은 아미를 닿을 듯 말 듯 꺾어지고 휘어졌다. 보는 이들은 간절한 소망인지, 춤사위인지 바라보는 나 또한 떡 한 조각의 허기는 이미 달아나 버렸다. 끝날 듯 고수의 북소리는 길게 이어졌다. 돼지머리에 쌓이는 퍼렇고 붉은 지폐가 바람에 날렸다. 저 지폐의 힘, 저리 가벼운 것을 왜 모두 무겁게 생각할까.

정신을 잃고 바라보고 있는 동안 손가방이 사라졌다. 화들짝 놀라 차로 돌아가니 털썩 누워 주인을 기다려야 할 낡은 차도 어디에고 없었다. 아뿔싸, 구경꾼 사이 취객인 양 툭 치며 다가왔던 우락부락한 이의 얼굴이 떠올랐다. '털렸구나' 동네 초입에 들어오면서부터 지켜보고 있었단 말이 아닌가. 행사 진행 본부에 들렀다. 예의 그 사내보다 더 험하게 앉은 이들이 여럿 있었다. 자초지종을 말하니 한 사내가 관심 있게 듣더니 밖으로 인도했다. 그의 입에서도 홍시 냄새가 진동했다. 한적한 곳으로 데리고 가더니 뒤에서 냅다 붙들어 안고 입을 강제로 벌리게 했다. 미꾸라지 소 먹일 때처럼 앙다물고 있으니 예전 몸만 생각했던 다리는 점점 힘이 빠진다. 사내는 입안에 무언가를 쑤셔넣었다. 이건 뭔가, 다리에 힘이 풀리고 천천히 눈이 감겼다. 우거진 그의 턱수염이 길어졌다 짧아졌다.

얼마나 시간이 흘렀을까. 한기가 느껴졌다. 그나마 입고 간 윗도리와 바지는 어디 가고 없고 팬티 한 장과 속옷만 팔랑팔랑 바람에 날리고 있었다. 얼른 몸을 움츠리고 주위를 둘러보니 제는 끝이 나고 주차장엔 몇 남지 않은 차들만 흐트러져 있었다. 서 있는 자리는 겨우 차 한 대 지나갈 수 있는 곳, 아래 놓인 개울은 물이 말라 자갈돌이 서걱거리는 소리만 들릴 뿐이었다.

누군가 다가오고 있었다. 고깔 쓴 무녀였다. '비는 올까요.' 피식 웃으며 지나갔다. 그때 승용차 한 대 경적을 울리며 다가왔다. 내 모습처럼 어째 위태위태했다. 결국 얼마 못 가서 바퀴가 길가로 빠졌다. 다행스레 전복되지 않고 바퀴가 걸려 갈매기처럼 끼룩끼룩댔다. 사람이라도 꺼내야지 싶어 다가갔더니, 그 털보 사내였다. 혹시나 싶어 뒷자리를 보니 내 옷과 가방이 고스란히 놓여 있었다. 그렇다면 동일범이란 말인가. 개 같은 인간들 외지인을 이렇게 홀대해도 된단 말인가. 우선 사람을 살려야지 피투성이 된 사내를 끄집어냈다. 신고했다. 게슴츠레하게 눈 뜬 사내가 나를 보고 중얼거렸다.

'비는, 비는 언제 오느냐구.'

이장의 트럭, 끝나지 않을 비손의 염원, 누군가를 뒤따라가는 일은 어지간한 이유 없이 하지 말아야 할 일. 다음날 약속이나 한 것처럼 비가 왔다. 하지만 황톳길에 먼지 날리는 것만 겨우 면하고 비는 지나갔다. 이장의 트럭은 어디론가 또 달려가고 나는 다시 아무도 오지 않는 방구석에 처박혀 시대풍자 해학극 '돼지사냥', 줄거리를 곱씹으며 키득키득 웃고 있었다. '비라도 온다면 집 나간 돼지 할매의 씨돼지가 스스로 집으로 돌아올 텐데.'

비를 기다리는 것은 과연 이대로 권태로운 일로만 남을 것인가.

초대

연두: "여기가 우리가 살 곳이야!'
후미: "냄새도 나고 너무 좁단 말이야!"
연두: "먹을 게 있을까?"
후미: "여름엔 또 어쩌지?"

  시골 텃밭 입구 어항에 새끼 붕어인 연두와 내 친구 후미가 들어왔어요. 아니 엄밀히 말하면 키다리 아저씨가 강에서 데려온 것이랍니다. 처음엔 미꾸라지 몇 마리를 개울에서 잡아 입양시키려다 여의치 않자 우리를 넣게 되었어요.
  어항이라고 하기엔 조금 투박한, 아저씨가 도로변에 봄꽃을 심고 버려진 커다란 플라스틱으로 된 시커먼 화분이랍니다. 한 번 사용하고 난 후 쓸모가 없어져 길가에서 이리저리 굴러다니는 것을 가져와 깨끗하게 씻어 도랑물을 받아 뿌리가 내리는 몇몇 수생식물을 심은 것이 이제 제법 자리를 잡았다고 해요.

오가는 이들이 처음엔 쓰레기통을 가져와서 뭘 하려느냐고 혀를 끌끌 차더니 이젠 '허허 그 물건 미꾸라지가 용 되었네!'라며 가던 길을 멈추고 노랗게 혹은 보라색 꽃을 피우는 양귀비 연이랑 부레옥잠꽃 앞에 발길을 멈추기도 한답니다. 어디 그뿐인 줄 아세요. 시골 장에서 사 온 연꽃 화분엔 거짓말 같은 꽃송이가 올라와 보는 이들이 탄성을 지를 정도랍니다.

여러 식물이 뻗어 내린 뿌리에 달린 먹을거리가 아직 아무도 건드리지 않은 채 그대로 있었어요. 어디 그뿐인가 물속에선 완전 공주님 대접을 받는 연꽃까지 우리를 반겨주니 얼마나 기쁘겠어요. 처음엔 허겁지겁 배불리 먹었지만 그렇게 할 필요가 없다는 것을 알고 우리는 까르르 웃고 말았어요. 그건 순전히 우리만의 못이라 누구에게도 빼앗길 일이 없었기 때문이랍니다.

둘러보니 우리를 해코지할 아무것도 없었어요. 강 곳곳에 위험 투성이가 포진하고 있어요. 그중에 제일 무서운 것은 언제부터 나타났는지 큰 입을 가진 베스와 날카로운 난폭자 블루길까지 있어 집 밖을 출입할 때는 여간 조심하지 않으면 안 돼요. 작은 먹거리 하나라도 서로 나누어 먹던 그 시절은 어디 가고 어디서 근본도 알 수 없는 것이 우리 내수면을 장악해서 토종은 이제 눈을 씻고 찾아봐도 없다고 물고기 반상회를 갈 때마다 원로 이장님은 혀를 찼어요. 이렇게 가다 우리의 존재가 없어지는 것이 아닌가 하고 모두 노심초사하고 있었어요. 하지만 이를 어찌 우리 힘만으로 해결할 수 있겠어요.

바야흐로 인간이 사는 세상에서도 자국민의 이익만 내세우다가 국제사회에서 왕따를 당할 수 있어 상생 차원에서 'FTA'라는 것을 체결한다며 난리다. 거기에 직접 당사자는 생존권 보장하라, 자국민 보호하라며 하루가 멀다 않고 피켓을 들고 시위한다. 하지만 그때가 지나면 그만. 몸에 습관처럼 배면 예전의 관습은 그대로 철폐되어버리는 것을 그 누구도 간과할 수 없는 것이 되었으니 어찌 물고기 보호까지 손이 미치겠어요. 요원의 불꽃일 뿐이랍니다.

더군다나 사람이 사는 세상에선 독립된 개체가 응고된 집단에 합류하기 위해선 여간 까다롭지가 않다는 것을 들어서 알았어요. 정의는 어딜 가고 같은 식구들만 똘똘 뭉쳐 이방인은 백안시하는 집단에 넌더리가 난다며 일부 지각 있는 사람은 숫제 구정물에 발을 넣기 싫다며 독야청청하는 이도 부지기수라며 지능지수가 4밖에 되지 않는 우리 붕어보다 못하다고 아버지가 말했어요.

새로운 곳에 적응하기 위해 며칠을 엎치락뒤치락했어요. 어느 날 아침에 늦잠을 자고 있는데 지느러미 부분이 몹시 간지러워 손으로 밀치곤 했다. 계속 그 일이 진행되는지라 가만히 생각해 보니 여기는 내 집이 아니란 생각에 화들짝 놀라 몸을 급히 움츠렸어요.

"붕어야, 놀라지 마. 나 우렁이야. 우리 친구하자."

"으응, 미안. 난 나를 해코지하는 나쁜 고기인 줄 알았지. 그런데 너희는 여기에 언제 왔어?"

"우린 엄마와 아빠가 부레옥잠 뿌리에 붙어 따라왔다가 우리를 낳았어. 그러니 여긴 우리 고향이야. 가끔 엄마가 고향 이야기를 들려주는데 우린 그런 넓은 곳은 잘 모른단다. 여기가 제일 좋아. 여기도 친구가 많단다. 청개구리도 있고 물방개도 있고 소금쟁이도 가끔 놀러오기도 한단다. 아무튼 잘 왔어 붕어야."

그렇게 작은 물속에 평화가 차츰 찾아왔어요.

여름이 들자 장마가 시작되었어요. 고개를 들어 물 밖을 내다보니 온통 물난리가 났어요. 도로가 온통 물에 잠겨 지나가는 자동차들이 흡사 자동세차 샤워기에 들어간 것처럼 물보라를 치며 지나갔어요. 그러자 옆에서 달리던 작은 차들이 악다구니를 쓰며 클랙슨을 울렸어요. 참 사람이 사는 곳엔 하루도 큰소리가 그칠 날이 없었어요. 나만 생각하고 상대방은 아무렇게나 대하다 보니 서로가 불신의 시대를 사는 것처럼 보였어요. 그래도 우리가 사는 집은 물이 넘으면 그만이었어요. 찰랑찰랑거리며 물장구를 치며 노는 것, 그렇게 바깥 구경을 하는 일이 여간 재미있는 것이 아니었어요. 비를 따라 높은 곳으로 가고 싶은 마음도 들었어요.

연두: "저 비가 내리는 하늘엔 누가 살고 있을까?"
후미: "우리집은, 우리 동네는 그대로 있을까?"
연두와 후미: "엄마, 아빠 걱정 마세요. 우린 이렇게 잘 자라고 있답니다."

그날도 그늘을 드리워 주고 있는 뽕나무에 앉은 실바람과 이야기를 나누려고 햇살 놀이를 하려고 고개를 내미려는 순간이었어요.
"후다닥!"
"살려줘, 연두야!"
친구 후미가 바닥으로 내동댕이쳐졌어요.
아무리 소리를 질렀지만 파닥거리는 몸부림 소리밖에 들리지 않았어요. 얼른 물속으로 몸을 숨긴 나는 온몸이 떨려 그대로 있을 수가 없었어요.
그건 다름 아닌 호시탐탐 노리고 있던 고양이였어요. 돌 뒤에 숨어 있다가 우리가 나오길 기다려 그대로 후미의 볼기짝을 치며 낚아채 갔어요. 그건 키다리 아저씨의 낚싯바늘 미늘에 걸려 버둥버둥거리던 것보다 백배 천배의 아픔이었을 겁니다. 날카로운 고양이의 손발에 온몸은 상처가 나고 한입에 물려 간 친구 후미, 난 앞으로 어떻게 할까 생각에 계속 오한이 들었어요. 그날은 옆집 할아버지의 멍멍이가 어제저녁 깨밭으로 꿩 지킴이로 외출을 가고 없는 탓이었어요. 평소에도 고양이는 멍멍이 때문에 우리 있는 곳엔 얼씬도 할 수 없었거든요.

"누가 우리 후미 좀 살려주세요."

목소리를 높였지만 모두 겁에 질려 아무도 다가오지 않았어요. 키다리 아저씨는 집이 다른 곳이라 지금 이 사실을 까마득히 모르고 있을 것입니다. 물속 친구도 고개만 숙이고 있을 뿐 누구 하나 입을 열지 않았어요. 그러면서 우리의 운명은 그럴 수밖에 없다고 체념하라고 하나둘 등을 두들겨 주었어요.

혼자가 된 후부터 난 종종 나의 근본에 대해 생각해 본답니다. 수억 년 전 중생대 백악기 때 발견된 살아 있는 화석 물고기 실러캔스, 삼엽충이나 암모나이트 등과 존재해 온 우리의 조상. 어쩜 인류의 진화가 바다에서 시작되었는지도 모르는데 요즘은 인간들이 최고라고 으쓱대며 사는 것을 본답니다. 그들의 손장난에 이끌려 아가미가 들려져 발버둥 한 번 치지 못하고 인간 식생활의 일부가 되려고 뜨거운 불지옥이나 뼈대만 앙상하게 남기고 온 살점을 뜯겨 나가는 그야말로 자존심을 홀딱 빼앗기는 수모를 당한다는 것.

어디 이뿐인가요. 어떤 이는 우리 이웃의 제법 튼실한 형님을 꿀 발린 미끼로 유혹하곤 빠져나올 수 없는 갈고리 미늘에 걸어가곤 했다. 그리고 환희용약歡喜踊躍하며 온몸에 검정을 칠갑하곤 MRI 촬영이라도 하듯 온몸을 이리저리 돌리더니 액자 속에 간직하며 자기를 과시하는 일까지 하고 있어요. 어찌 우리를 막 취급할까, 비록 덩치는 적지만 동급의 유인원으로 취급하는 것은 눈을 씻고 봐도 없어요.

그들의 집단 속은 내세울 만한 것이 더군다나 없잖아요. 종종 강변에 낚시꾼이 버리고 간 찢긴 신문지 조각을 얼핏 바라보면 왜 우리가 저들보다 더 우위를 사는 것 같은데 저자세일까 생각해 보기도 해요. 인간 사회에선 더 큰 것, 많은 것, 기름진 것을 획득하려고 친구와 이웃을 심지어 부모 형제까지 배반하는 것을 종종 보게 돼요. 그런 걸로 따진다면 우리의 수백 배가 넘는 뇌 구조의 사람이 오히려 진화하지 않은 미개한 집단이란 생각이 들 정도가 아닌가 의심스러울 때가 종종 있어요. 그들의 환경, 종교, 경제 등을 보고 있노라면 저러다 마그마의 유혹에 이끌려 화석 속으로 모두 갇히지 않을까 저어할 때가 한두 번이 아니랍니다.

친구를 잃은 나는 통 입맛이 없고 그 날부터 말도 줄였어요. 엎친 데 덮친 격으로 장마가 소강 상태로 접어들자 폭염이 찾아왔어요. 물은 뜨거워지고 나는 속으로 속으로만 숨어들었어요. 강에선 진흙이 있어 그 속으로 들어갔다 나오면 훨씬 시원할 텐데 여긴 딱딱한 고무 바닥이잖아요. 내 몸엔 여기저기 상처가 나고 기력이 떨어지기 시작했어요. 바깥 구경을 하고 싶었지만 언제 나타날지 모르는 고양이의 습격 때문에 그럴 수도 없었어요. 가시고기 엄마 생각이 났어요. 자기의 일을 다 하고 결국엔 온몸이 만신창이가 되어 모천에서 너덜너덜하게 걸레처럼 부스러지는 그런 모습을 생각하며 진저리치곤 했어요. 나는 결국 이렇게 원하지도 않은 초대를 받고 쓸쓸하게 사라져버릴 것입니다. 잠결인지 꿈결인지 엄마의 소리가 매일매일 들리고 있어요. 누가 와서 제 손 잡아주세요.

  아저씨는 우리에게 약속했어요. 비어 있는 공간에 구성원으로만 참여해 달라고, 우리가 자라서 자리가 좁다면 언제든지 다시 강으로 데려다준다고, 하지만 그 초대는 사탕발림으로만 끝이 나는 건가요. 친구 후미가 없자 모든 것에 의욕이 떨어지고 눈에 보이는 건 모두 나를 해코지하는 것밖에 보이지 않아 요즘은 물 밖 구경조차 할 수 없답니다.

  키다리 아저씨, 저를 다시 강으로 데려다주세요.

낯선 곳에서

 혼자다. 혼밥, 혼술, 혼족이 염색체처럼 번져 있는 거리에 지금 서 있다. 혼자일 때 느낀다. 그동안 해보지 못한 일, 새장 속에 갇힌 사고를 풀고 싶을 때, 갑자기 두리번거리며 욕망이 목울대를 넘어올 때, 심한 요기를 느낄 때, 짜릿하다.
 미리 가보지 않은 길에서 헤드라이트를 꺼보는 일, 일시에 사물들은 정지되고 자동차는 방향을 잃어 비틀거릴 때, 거대한 매머드가 확 덮치는 순간, 세상 끝나는 공포가 이러할까라는 생각에 처음으로 돌아오는 기분은 멀리 있는 게 아니라는 착각에 빠진다.
 모르는 이에게 말을 걸어 본다. 소통은 공통어, 손짓 눈짓으로 이어지지만 모국어를 모르는 이방인에게 분명 고운 시선은 아니리라. 비록 상대가 인정하지 않더라도 눈치볼 일 없는 것이다. 이럴 때 간혹 혼자가 외로울 수 있다. 긴 세월 동반자와 나눈 의무적인 행위는 구속, 하지만 그건 아름다운 구속이다.

  다섯 평 남짓 비즈니스 호텔 싱글베드에서 누워 깜빡 잠이 들었다가 아무도 없을 때, 존재의 확인을 위해 새벽 세 시에 거리에 나갔을 때, 암울한 소식만 전하던 회색 도시가 짙은 안개속에 잠겨 있을 때, 분명 뭉크의 '절규'가 떠오를 수밖에 없을 때, 훅 느끼는 새벽의 한기는 표정 없는 한 무리의 구속만 일렁인다. 주억거리며 지나가는 물상에 초점을 맞춰 본다.

  새벽 즐기기는 어디에나 같다. 청소차가 지나가고 아파트 주차장엔 성냥갑 자동차가 새침하게 누워 있고 자전거는 밤새 오줌 한 번 누지 않은 채 다리도 굽히지 않고 서 있다. 코카콜라 광고판은 언제나 붉은 색, 그 속으로 닭벼슬에 불을 단 택시 한 대가 미끄러저 들어가고 있다. 간혹 행인 하나, 조조 출근을 재촉하지만 그뿐. 거리엔 아무도 없다.

  아무런 약속도 없는 이국에서의 새벽 맞이, 마트 꺼진 간판 속엔 하루치 영업을 위해 안으로 곪아가는 속살 같은 빛이 새어 나온다.(아침 준비를 서두르는 닭은 밤새 꺼지지 않은 백열등 아래서 그 둥근 모양을 닮으려 부단히 용을 썼겠구나.)

  사람살이 어디나 같은데 지난밤 술 몇 잔의 호기가 속쓰림으로 다가오는 헛구역질, 이 구토의 절반은 계획 없었던 욕망 탓. 차라리 낯설고 텅 빈 도시에서 실종되고 싶은 구절양장 속내, 승객 없는 버스 승강장은 준비 없는 이별, 겨우 눈에 보이는 아라비아 숫자 속에 구부러진 허리 세워본다.

두리번거린다. 여기서 나를 가둘 자 누구인가. 자동판매기 내용물은 같지만 밖엔 내가 없다. 외국인 하나가 새벽 담배 먹고 있다. 지난밤 못 채운 알코올 농도를 채우려는지 맥주 캔을 따려고 두리번거린다. 둘러보니 나도 그들 눈 속에 든 어눌한 표정의 외국인. 칭얼대던 지난밤의 거리를 되짚어 본다. 낯선 이들과 나눈 회전초밥, 순서 되어 돌아 나오는 접시만 선택했다. 그러다 결국 들켜버린 독백, 이젠 모두가 익숙하다.

여자 하나 바삐 푸른 신호등 속으로 빨려 들어간다. 어디로 가는 걸까. 뒤따라가려면 이미 늦은 깜빡거림, 누가 나를 잡아주오. 텅 빈 도시의 질서를 나는 모른답니다. 끈 풀린 현수막이 펄럭이며 종소리를 낸다. 해체된 김밥처럼 널브러진 편의점에 들러 토마토 주스를 찾는다. 갇힌 속내 조금이나마 평정된다. 오늘, 언제인가. 가만히 나를 해체한다.

잘 정돈된 화단 앞에서 아침밥을 먹는다. 간혹 성급한 회양목 가지가 목을 내밀고 있을 때 편식처럼 움직이는 전정 가위의 분주함. 분명 수저질보다는 두려운 일. 하지만 넘치지 않는 섭취 능력 앞에 내 욕망을 내려놓는다. 낯선 곳에서 아침밥을 먹는다는 건 구부러지지 않으려는 준비 자세. 기다리는 것보다 성큼 앞선 무리들의 함성. 바람 한 점 유리창 너머 불더니 숟가락이 휘청거린다.

매미 소리조차 낯설다. '맴맴맴'이 아니라 '시시시'다. 시시하단 말인가, 온통 시詩란 말인가. 잊고 있었던 문맥이 꼬리를 물고 떠다닌다. 나는 지금 여기서 무엇을 찾고 있는가. 흰 상의 검은 하의를 입은 흑백논리 회사원이 줄을 서서 걷고 있는 이 거리에서 누구를 기다리고 있는가.

가스 배달차가, 육류 운반차가, 자가용이, 관광버스가 움직이는 곳에 모두 일렬로 기다려 주는 곳, 클랙슨이 없는 곳, 남의 도움 없이 혼자서 해결하려는 곳, 작은 곳, 친절한 곳, 그러므로 큰 곳, '스미마셍' 하나면 통하는 곳. 관념 속에서 아픈 기억으로만 도사려 있던 곳.

> 난,
> 거리의 문법, 세상의 운명에 괸심 없다
> 무소의 뿔을 지니고 달리지 않더라도
> 문법에 관심 없이 살아갈 수 있었으면 좋겠다'
> ─고운기의 〈나는 이 거리의 문법을 모른다〉 중에서

그들의 껍데기만 판단했던, 낯선 곳에서 일부러 길을 잃고 싶었던 그럼 난 누구?

청개구리

 매미인가. 파도와 싸우며 바위에 붙어 있는 따개비의 모습이다. 그런데 가만히 있을 줄 알았던 물체가 주기적으로 움직인다. 유리창 쪽으로 바짝 다가앉았다.
 자세히 살펴보니 식당의 희미한 간판 불빛 아래 찾아드는 하루살이를 사냥하고 있는 청개구리였다. 창의 두께는 겨우 5mm나 10mm. 구경하고만 있기엔 왠지 가슴이 아려왔다. 불빛을 찾아오는 하루살이와 그를 잡아먹는 청개구리의 한판 대결. '죽느냐 사느냐, 그것이 문제'였다.
 일상이란 얼마나 답답한가. 사람들은 틈만 나면 거기에서 벗어나려 한다. 별다른 위안을 얻지 못해도 시간만 있으면 밖으로 내

닫는다. 흡사 오염되지 않은 환경을 조금이라도 더 차지하려는 것처럼…. 그날도 그러했다.

바닷가로 차를 몰았다. 바다가 거기 있어 갔다가 눈물만 안고 왔다고 했던가. 돌아오는 길엔 비까지 내렸다. 그래 식당엘 들렀다가 무심히 비 오는 밖을 바라보았다. 그런데 창문 쪽에 이상한 모습이 시야에 들어왔다.

청개구리, 그는 고고하게 숲을 지키며 처연한 자태로만 있을 줄 알았다. 아니, 간혹 아이들이 손바닥에 올려 놀리기라도 하면 부끄러워 자연의 색으로 흡수되어 가는 존재로만 알았다. 그런데 먹이를 찾아 허름한 시골 식당의 유리창에 위장하여 자리 잡고 있는 게 아닌가.

아침 이슬을 머금고 햇살 영롱한 나뭇잎에 앉아 겁 많은 눈을 깜빡이던 녀석이었다. 비 온 뒤 숲에라도 갈라치면 손끝에 느껴지는 미끈한 감촉으로 그들은 다가오곤 했다. 또 가뭇하게 벼들이 사름할 때쯤 논배미를 주름잡으며 존재를 알리던 녀석이다. 그런데 낭창대던 체면은 어디에 둔 것인가.

이제 그들에게 머물 곳은 더 없는가 보다. 숲마저 점차 사라지고 있다. 살포하는 농약이나 도시화의 물결이 점차 그들 삶의 터전을 위협했으리라. 그래 녀석들은 유목민처럼 이동해야만 했으리라. 낮 동안엔 어딘가에 웅크리고 있다가 어둠이 깔리고서야 비로소 살기 위한 투쟁을 벌이고 있는지도 모를 일이었다.

녀석이 사냥하는 모습은 차라리 몸부림이었다. 빨판을 사용하여 움직일 땐 소리조차 나지 않는다. 목표물을 향해 접근해 숨을 죽인다. 하루살이는 흘낏 보기만 할 뿐이다. 지나가던 새들이 유리창에 싼 배설물 정도로 생각하는지, 이내 불빛을 향해 접근한다. 잠시 후에 사정권 내에 든다. 그때까지 개구리는 미동도 하지 않는다.

침묵의 시간은 그리 오래 가지 않는다. 그는 알짱거리는 목표물을 겨냥하여 박자를 세다가 날렵하게 혀끝으로 잡아 들인다. 진양조에서 자진모리 장단으로, 그리고는 이내 휘모리 장단으로 바뀐다. 박자가 엇나가면 헛일이다. 차츰 바라보고 있는 내 눈마저 충혈되고 숨까지 가빠진다. 어느 편을 들어야 하나. 그저 가슴만 태운다. "청개구리 날파리 잡아 먹듯 하다."란 말이 있던가. 그에게 그런 혀가 있는 줄은 미처 알 리 없었다.

그들도 생존을 위해 단체행동을 했는가. 하지만 누구 하나 거들떠보지 않았으리라. 이제 생태계의 먹이사슬은 균형을 잃고 안정된 삼각형의 구도는 뒤집어져 휘청거린다. 청개구리의 천적은 이제 뱀이나 까치가 아니라, 오염되어 가는 문명일 게 분명하다. 하지만 주범인 인간은 하찮은 미물이라고 관심조차 주지 않는다. 간혹 허옇게 배를 드러내고 죽어 있어도 자기 스스로 뒤집어서 다니는 줄로만 안다.

인간의 질주는 끝을 모른다. 조금이라도 더 높은 욕심을 채우기 위해 뒤돌아보지도 않고 달리기에 여념이 없다. 내일을 생각지도 않고 하루를 살아가는 모습. 청개구리 정도는 안중에도 없다. 선명하던 그들의 표피는 퇴색되어 붉게 혹은 검게 얼룩투성이가 될 것이다. 노출된 현실은 청개구리에게 보호색이 더는 필요하지 않다. 불현듯 내가 유리창에 붙어 있는 듯했다.

  나는 다시 일상으로 돌아가 농약으로 범벅이 된 음식을 먹어야 하고 내가 만들어낸 위장술에 스스로 중독되어야 한다. 그러다 알지도 못하는 병에 쓰러질지도 모를 일이다. 자연을 거부한 대가일 것이다. 누군가 이야기했던가. '자연은 절대로 우리를 속이지 않는다. 우리 자신을 속이는 자는 언제나 우리들이다.'라고.

  불이 꺼지면 청개구리는 턱밑을 풍선처럼 부풀리며 울 것이다. 간판의 불빛은 희미하게 흔들리고 비는 더욱 세차게 내리고 있었다. 나는 붙박이가 되어 오랫동안 그렇게 앉아 있었다.

툭툭툭 쿵쿵쿵

툭툭툭

 토실토실하고 반질반질한 것이 움칠움칠하더니 살랑살랑 부는 바람에 떼구르르 굴러간다. 잠시 낙엽 위에 앉더니 다시 달아난다. 낙엽과 동색이다. 설핏 봐선 구분되지 않으나 도토리는 조금 더 빛난다. 뒤채는 모습을 보고서야 비로소 알게 된다. 잠포록한 날이면 도토리는 안간힘을 써야 한다. 어차피 혼자서 할 일이지만 떨어지는 것을 바라보고 있으면 발가락 끝까지 힘이 들어간다. 낙엽이 밑에서 받으려다 그만 놓쳐버릴 때도 있다. 금이 간다. 옆구리가 아프다.
 열매를 맺으려고 그는 수십 년을 기다렸다. 떨어져서는 또 다른 탄생을 위해 땅속에 숨으려는 것이다. 대지의 젖가슴 속으로 헤집고 들어가 애벌레처럼 웅크려 있어야 한다. 그러다 싹이 나오면 비로소 키재기를 시작한다. 성년이 될 때까지 겪어야 할 또 다른 고독을 생각하면 애초부터 방해는 말아야 할 일이다. 그의 추락을 인정하며 모르는 척 자리를 피해야만 한다. 이 위대한 의식 앞에 바라보는 자는 미물일 뿐이다. '툭툭툭' 비로소 아침이 열린다.

쿵쿵쿵

자연의 소리가 아니다. 표피 곳곳에 붉은 상처가 난다. 나무는 참으려고 하지만 흘러내리는 피눈물을 주체할 수가 없다. 자국이 더 번지지 않게 눈물로 치료해야 한다. 아직 어린 나이인데도 태백산의 말라 가는 주목처럼 허물을 벗고 있는 나무의 마른버짐. 겨우 뿌리만 지탱하는 것도 있다. 그렇게 해가 몇 번 바뀌면 지나가는 산토끼가 뒷다리로 건드리기만 하여도 맥없이 쓰러지는 신세가 되고 만다. 영원을 꿈꾸던 잎과 가지는 비참하게 죽어간다.

사내 둘이 돌과 망치로 참나무를 내리치고 있다. 흔들리는 건 나무만이 아니다. 산비둘기는 안타까워 '구구구' 하다가 숨을 죽이고 산까치는 '안 돼, 안 돼'를 외치며 계속 퍼덕인다. 그들은 발아래 떨어지는 채 익지도 않은 열매를 보고 신이라도 난 듯 더욱

5부 낯선 곳에서

세게 나무를 때린다. 온 산이 흔들린다. 자연의 교향악은 일시에 정지한다. 함초롬하게 아침이슬 머금은 이파리 사이로 일렁이는 바람, 중간 중간 울리는 도토리의 낙하는 트라이앵글처럼 얼마나 적절한 삽입음인가. 그들을 찬양할 숲의 조화가 깨진다면 무슨 소용이란 말인가. 바람마저 숨을 멎고 있다. '쿵쿵쿵' 탁음이다.

(……)

아침이면 다가와 닫힌 영혼에 용기와 꿈을 실어주는 도토리 떨어지는 소리, 그 음을 따라 산길을 올랐다. 좇아가다 길을 잃어도 좋았다. 유년시절 모기약차를 따라가다 오리무중이었던 이웃동네처럼, 아침 산의 소리는 날마다 낯설었다.

오늘은 낌새가 이상하다. '툭툭툭'이 아니라 '쿵쿵쿵'이다. 둔탁한 소음 속에 모든 것이 묻혀버리고 있다. 번뜩이던 사내는 자기 욕심보다 더 큰 도구를 들고 있다. 아직 때가 아니라고 질러대는 비명쯤은 듣지도 않는다. 지나칠 수 없어 다가간다. 눈을 부라리며 곧 칠 기세다. 이미 그들에겐 나 또한 자기의 발밑에서 흔들리는 한 그루의 참나무로밖에 보이지 않는 모양이다. 참나무는 쥐고 흔들기만 해도 심한 몸살로 이듬해엔 열매를 맺지 않는다고 한다. 수십 년을 자라 온 나무는 그렇게 죽어간다.

?!

  떨어진다고 모두가 참나무가 될까. 도토리는 다람쥐, 꿩, 청서, 노루, 멧돼지 등 야생동물의 겨울 양식이기도 하다. 사람들은 도토리만 보면 주머니에 주워넣기 바쁘다. 이리저리 굴리다 결국은 쓰레기통으로 직행한다. 귀찮아서 버리는 도토리 몇 알이 산짐승의 생명을 앗아갈 수 있다. 벌은 꽃에서 꿀을 따지만 상처를 주지 않는다. 오히려 열매를 맺게 꽃을 도와준다. 그런데 사람은 참나무에게 되레 깊은 상처까지 주고 있다. 더 참을 수 없는 굶주린 산짐승은 이젠 집으로까지 내려와 사람을 해코지한다.

  산은 더 이상 그들의 보금자리가 아니다. 낙엽 속을 헤집고 싹이 올라올 도토리를 애초에 기대해 왔던 내 정서가 부끄럽다. 이 계절이 다 갈 때까지 숲에선 '쿵쿵쿵', 참나무의 신음소리만 소소蕭蕭하게 들릴 뿐이다.

UFC, 가물치

　지금부터 가물치와 베스의 3분 3라운드 이종 종합격투기 시합이 벌어지겠습니다. 이번 시합은 저수지에서 서로 자기가 최고라고 우기는 두 물고기 사이의 경쟁이란 점에서 관심을 주는 경기입니다. 요즈음 무분별하게 들어오는 외래문물에 대해 우리 것을 지키자는 차원에서도 오늘의 경기는 아주 중요한 일전인 것 같습니다. 시합을 취재하기 위해 전국의 환경단체 관계자 및 생태계 연구원도 많이 참석했습니다. 시합 장소는 물고기가 가장 많이 몰려있는 저수지 수초밭 특별 링입니다. 시합이 시작하기도 전에 서로의 눈싸움이 예사롭지 않습니다.
　그럼 양 선수 소개가 있겠습니다. 홍 코너, 전 북미지역 UFC 웰트급 챔피언 라지 마우스 베스. 청 코너, 현 한국 챔피언 진흙 속의 복면가왕 가-물-치. 해설자님, 오늘 경기를 어떻게 보십니까. 글쎄요. 두 선수가 워낙 성질이 급해서 시합은 해봐야 알겠습니다. 가물치 선수는 아직 무패의 전적으로 국내에선 그를 이길 선수가 없습니다. 그래서 이번에 사회에서 크게 물의를 일으키고 있고, 성격까지 포악한 외래어종인 베스 선수를 이겨 국외로 추방하자는 의도에서 이번 시합을 하게 된 것입니다. 가물치 선수는 힘도 셀 뿐 아니라 순간 포착력이 워낙 강하여 승산이 크다 하겠습니다.

여기서 가물치 선수에 대한 소개를 조금 더 붙이겠습니다. 얼룩은 호랑이의 그것과도 비슷하고 머리엔 별 모양의 무늬 일곱 개가 있어 밤에는 북두칠성 쪽으로 머리를 두고 잔다고 합니다. 옷에 박힌 점은 '백 개의 눈을 가진 거인', 눈은 작고 입이 커서 무섬증을 모르고 독을 입안에 가득 담고 있는 독사의 형상입니다. 오죽하면 벌에서 잠자는 가물치를 건드리지 말라고 할까요. 단지 성질이 조금 급한 게 흠인데 오늘 어떻게 시합할지 의문입니다.

여기에 대항하는 베스 선수는 북미에서 그 명성이 대단하죠. 날카로운 이빨과 커다란 아가리로 닥치는 대로 약한 고기를 잡아먹어 생태계를 파괴하는 아주 독한 선수입니다. 과연 토종의 자존심을 가물치 선수가 지켜줄 것인가. 그래서 저수지 속 평화가 이루어질지 기대됩니다. 저의 생각으론 박빙의 대결이지만 가물치 선수가 이길 것으로 생각합니다. "굴러온 돌이 박힌 돌을 뺄 수는 없겠죠." 말씀드리는 순간 땡! 제1 라운드가 시작되었습니다.

1라운드가 시작되자마자 베스 선수 가볍게 치고 빠지기를 반복하고 있습니다. 조심해야 하겠습니다. 저런 공격을 많이 허용하면 점수를 잃을 수도 있고, 특히 눈 부분에 상처가 생겨 실명 위기까지 갈 수 있습니다. 하지만 가물치 선수, 가볍게 피하며 기회를 엿보고 있습니다. 여차하면 그의 특기인 돌려차기가 나올 태세입니다. 우리의 가물치 선수 오늘 시합에 임하는 자세가 평소보다 대단히 침착합니다. 이제까지로 봐서 1회전을 넘기지 않은 경우가 전체 전적에 80%를 차지하고 있습니다. 자, 과연 오늘은 어떻게 될지 궁금합니다.

계속 얕은 꾀로 한군데만을 공격하는 베스 선수. 치고 빠지는 공격을 하고 있군요. 앗, 레프리가 한눈 파는 사이 베스 선수 가물치의 어깨를 물어뜯고 있습니다. 관중석에서 이런 베스에게 야유가 쏟아집니다. 어깨의 피를 감싸고 있던 가물치 선수의 눈빛이 빛나기 시작합니다. 무엇인가 일격이 나올 듯한 표정입니다. 베스 선수 치고 빠지는 헛손질을 하는 순간입니다. 이때를 놓치지 않고 가물치 선수 오른손으로 어퍼컷, 상대 선수의 안면을 올려쳤습니다. 휘청거리며 정신을 못 차리는 베스. 우리의 가물치 선수 왼손, 오른손 소나기 펀치가 나옵니다. 베스 선수 넘어졌습니다. 워낙 강한 펀치라 일어날지 모르겠습니다. 아, 한 치의 자존심이 살아 있는지 비틀거리며 다시 일어서는 베스 선수. 이때를 놓치지 않고 가물치 선수 온몸을 날린 이단 옆차기가 베스 선수의 턱을 명중합니다. 원, 투, 스리, 포…. 심판이 숫자를 세지만 일어나지 못합니다. 땡, 땡, 땡, 땡. 가물치 선수의 TKO 승입니다.

　해설자님 오늘의 시합을 어찌 보셨는지요. 네, 예견한 일이었습니다. 가물치 선수의 끈질김이 우리의 근성을 나타내는 것이 아니었는가 생각됩니다. "오동 숟가락으로 가물치 국을 먹었나?"라는 말이 있습니다. 오동 숟가락도 가물치도 모두 검지만 그 본성은 살아 있습니다. 물밀 듯이 밀려들어 오는 외래문물의 색깔에서 이젠 우리 고유의 색을 찾아야 되지 않겠나 하는 생각이 듭니다. 호수와 강에는 생태계를 파괴하는 외래종이 많습니다. 하루빨리 이들을 몰아내어 생태계를 위협하는 요인을 몰아내야 되겠습니다. 물론 혼자만의 노력으론 될 수가 없겠죠.

　그럼 이것으로 저수지에서 벌어진 가물치와 베스의 UFC시합은 가물치 선수의 1회 TKO승으로 끝이 났습니다. 끝까지 지켜봐 주신 관중 여러분 대단히 감사합니다.

덫

 쥐덫 하나 만들고 싶다. 한 번 들어가면 절대로 나오지 못할 함정을 만들어 내 안에 불편한 요인 없애고 싶다. 사실은 쥐를 잡기 위한 것이 아니라 꿩을 포획하기 위해서다. 덫에 걸려 버둥대는 녀석을 보면 놀란 가슴을 쓸어내릴 수 있으리라. 꿩 덫을 구하려 여러 사이트를 다녔다. 어디에고 꿩을 위한 덫은 없었다. 예전 만들었던 그림을 보곤 그 견고한 물건을 제작한다는 건 무리다. 철물점에 들러 여러 종류의 덫이 어디에 맞을 것인가 망설인다.
 원터치 방식은 미세한 떨림 하나로 함정을 만드는 일. 자칫 손이 먼저 갇히는 일이 비일비재. 그때는 내가 한 마리 쥐가 된다. 퀭한 눈으로 사물을 보는 일, 비로소 허둥대는 자신을 발견한다.

겨우내 마른 풀 속에서 출몰한 녀석은 나를 놀라게 했다. 가만히 다가가 보니 그곳은 지난가을 추수한 뒤 아직 남은 알곡이 숱하게 포진해 있는 논바닥이었다. 간혹 도시의 비둘기가 떼지어 몰려와 토닥거리며 녹지 않은 진흙 위를 곰보딱지처럼 만들다 가버린 곳, 아직도 그곳에 존재하는 것이 있단 말인가. 짚단을 아무렇게나 흩트려 놓은, 날짐승의 놀이터 같았던 그곳. 내 유년의 졸음자리가 생각나기도 했던, 약간의 땡볕이 머물다 가는, 날 풀린 동네 마을회관 앞 깜빡깜빡 졸며 누군가 기다리던 아버지, 그림 같은 그런 곳이었다.

 의심 없이 지나간 내가 잘못이었다. 하지만 아무리 말 하나 통하지 않는 미물이지만 사람이 왕래하는 곳에 떡 제집인 양 자리 잡고 있다가 갑자기 푸드덕 날아오르는 녀석을 생각해 보라. 가슴은 콩알 크기가 되고 눈알은 툭 튀어나올 상황이었다. 늘 멀리서 들리거나 보는 모습이 내 몸속에 배어있긴 했지만, 이렇게 눈앞에서 벌어지긴 자주 있는 일이 아니었다. 그럴 때 내 몸은 극도로 피로해 금방이라도 해면체처럼 풀어헤쳐 버릴 상황이었다.

 그것은 내가 주위 환경에 너무 민감하여 벌어진 것. 혼자만의 세계에서 비밀 하나를 간직하다가 들켜버린 상황인데 애먼 미물에게 그 탓을 돌리는 비겁한 행위인 줄 나도 알고 있었다. 세상에 자기보다 작은 것, 눈 아래로 보는 타성에 젖은 내 치희가 부끄럽긴 하지만 그래도 쥐덫을 장만하여 꿩을 잡고 싶었다. 처마에 걸어 놓고 꾸덕꾸덕 말리고 싶었다. 더는 동료의 희생 앞에 다른 녀석이 모여들지 않게 깃발로 세워두고 싶었다.

끈끈이는 꿩의 날카로운 발톱 사이에 붙지 않을 게 뻔할 터. 철사로 만든 덫, 그 얼금얼금한 쇠붙이를 매달고 날아갈 수 없을 거라는 생각에 미치자 동네 철물점 털보 아저씨가 떠올랐다.

'아직도 쥐가 있나요. 거긴 고양이가 없나요. 음식 찌꺼기를 조금 준 것뿐인데, 집안으로 한 번도 들여놓은 적이 없는데, 집 밖에 살고 있는 고양이가 쥐를 지켜줘요. 신기하지요. 우리 동네엔 피리 부는 사나이를 따라갈 그런 쥐의 씨가 말랐어요.'

차마 꿩을 잡기 위해 함정을 만든다고 할 수 없었다. 턱수염을 만지며 그는 나를 쥐와 비교할지도 모를 일이다.

확신할 수 없다. 과연 내 생각이 합당한지 모른다. 좁은 입구에 갇혀 퍼덕거릴 꿩의 자존심, 난 그런 형상만 그릴 뿐. 성공률은 거의 제로다. 쥐덫으로 꿩을 잡는다는 것이 무모하다는 생각이 들어 그것을 개조하고 싶었다. 즉, 유인하는 방법도 여러 가지 조합해 단번에 잡는 것이다. 두세 개의 쥐덫을 설치한 후 술에 불린 쥐눈이콩을 여러 군데 흩뿌려 놓는다. 모르는 척 내 방 창에서 밖을 관찰하는 일, 그건 순전히 휴일 내게 주어진 일과로 만들면 된다.

직장 상사는 내 아픈 관절을 나무라다가 인제 그만 일에 손을 놓으라는 무언의 계시가 내릴 만큼 위아래로 훑어보길 수십 번. 거기서 굴복한다면 결국 지는 것이다. 그사이 나는 검불 사이에

꼼지락거릴 꿩을 생각한다. 갈까 말까 벼르다 덥석 미끼를 무는 붕어의 기억력처럼 꿩이란 녀석의 착각에 대해 오전 내내 생각하다 갑자기 날아오를 녀석의 비상에 놀란 것이다. 여기에도 놈들의 비상구가 있었구나. 세상 어디에고 내 밖에 존재하는 그 푸덕거림이 존재한다는 걸 차츰 알게 되었다.

  왜 하필 꿩인가. 만만한 상대가 자주 출범하는 고라니도 있지 않은가. 녀석은 상대적으로 몸피가 작고 주위에 자주 출현한다. '꿔어엉!' 하며 솟아오를 때 아이들이 가지고 노는 매미채 하나로도 낚아챌 수 있는 높이기도 하니 상대하기가 쉽다. 간혹 집에서 늦잠이라도 잘라치면 바람 소리에도 놀라 꼬리털을 남기며 날아오르는 녀석의 솟아오름, 도시를 떠나 처음 놈을 만날 때는 환상 속에 존재한다는 착각에 빠졌다. 그러다 주위에 존재하는 이들이 줄어들고 세상이 나를 향해 좁아드는 김자 조림이 되어갈 때 차츰 들녘에 있는 것에 눈이 가기 시작했다.

  나는 덫이다. 세상은 꿩이다. 이루어질 수 없는 상황에서 나는 오늘도 무모한 이 극을 전개하고 가당치도 않은 음모를 꿈꾸고 있다. 아직도 할 수 있다는 이 알량한 동물 본능, 세상은 이미 퇴출당할 위기에 놓인 내게 종종 거울을 보여준다. 얼핏 날갯짓하는 꿩의 자태. 나도 아직 날 수 있다고 수없이 독백한다. 나는 오늘도 꿩 덫을 생각한다. 언젠가 덜컥, 꽁지부터 날개까지 덫에 걸려 빠져나오려 버둥댈 그런 쥐덫을 생각한다.

작/품/평/설

묘사적 문체의 힘
―〈툭툭툭 쿵쿵쿵〉 읽기

송 명 희
(문학평론가)

　우종율의 〈툭툭툭 쿵쿵쿵〉은 제목에서 두 개의 의성어를 대비시킴으로써 작가가 의도한 주제를 상징적으로 함축하고 있다. '툭툭툭'은 가을에 도토리가 익어 저절로 떨어지는 소리이다. 그 소리는 "닫힌 영혼에 용기와 꿈을 실어주는" 경쾌하고 아름다운 소리이다. 반면 '쿵쿵쿵' 하는 탁음은 "나무는 참으려고 하지만 흘러내리는 피눈물을 주체할 수가 없어 내지르는 비명소리"이다. 사내 둘이 억지로 도토리를 따기 위해 돌과 망치로 참나무를 내리치자 나무는 쿵쿵쿵 신음소리를 낸다. 이 신음은 나무에서만 들려오는 것이 아니다. 산비둘기는 '구구구'대다 숨을 죽이고 산까치는 '안 돼, 안 돼'를 외치며 계속 퍼덕이고 있다. 인간의 횡포에 자연의 아름다운 교향악은 정지하고 숲의 조화는 깨어지며 바람마저 숨을 멎는다.

사내 둘이 돌과 망치로 참나무를 내리치고 있다. 흔들리는 건 나무만이 아니다. 산비둘기는 안타까워 '구구구' 하다가 숨을 죽이고 산까치는 '안 돼, 안 돼'를 외치며 계속 퍼덕인다. 그들은 발아래 떨어지는 채 익지도 않은 열매를 보고 신이라도 난 듯 더욱 세게 나무를 때린다. 온 산이 흔들린다. 자연의 교향악은 일시에 정지한다. 함초롬하게 아침이슬 머금은 이파리 사이로 일렁이는 바람, 중간 중간 울리는 도토리의 낙하는 트라이앵글처럼 얼마나 적절한 삽입음인가. 그들을 찬양할 숲의 조화가 깨진다면 무슨 소용이란 말인가. 바람마저 숨을 멎고 있다. '쿵쿵쿵' 탁음이다.

이 수필에서 돋보이는 것은 작가의 예리하고도 뛰어난 관찰력이다. "토실토실하고 반질반질한 것이 움칠움칠하더니 살랑살랑 부는 바람에 떼구르르 굴러간다. 잠시 낙엽 위에 앉더니 다시 달아난다. 낙엽과 동색이다. 설핏 봐선 구분되지 않지만 도토리는 조금 더 빛난다."에서 보듯 작가의 뛰어난 관찰은 감각적이고 묘사적인 문체로 재현되며 이 글의 개성적 인상과 분위기를 창조한다.

묘사는 대상을 모양, 색깔, 향기, 감촉, 소리, 맛 등 오감을 동원하여 그려내는 기술방법이다. 묘사는 대상에 대한 인상을 실감 있고 생생하게 전달하기 위해서 시각, 청각, 촉각, 후각, 미각 등의 감각을 환기한다. 한 마디로 묘사는 독자의 감각에 호소하는 서술 방식이다. 그것은 독자의 정서적 반응을 일으키게 하며, 그 글을 사실적이고 믿을 만한 것으로 만든다. 〈툭툭툭 쿵쿵쿵〉을 읽을 때 독자들이 작가와 같이 가을 숲속에 들어간 것과 같은 생생한 착각과 상상에 사로잡히게 되는 것은 작가의 묘사적 문체가 생생하고 구체적인 실감을 불러일으켰기에 가능했다.

"툭툭툭 쿵쿵쿵"은 단지 소리의 경쾌함과 둔탁함이라는 점에서만 대비되지 않는다. 전자는 인간과 자연이 조화를 이룬 상태에서 나오는 아름다운 소리이며, 후자는 인간이 자연을 지배하고 파괴하는 데서 나오는 부조화의 둔탁한 신음이다. 그것은 단순한 소리의 대비가 아니라 세계관의 대비이다.

우종율은 구태여 관념적이고 추상적인 언어를 사용하지 않고도 생태주의자들이 말하고자 하는 주제를 "툭툭툭 쿵쿵쿵"의 대비를 통해 충분히 다 전달하고 있다. 그의 글에는 관념어가 아예 배제되었다. 그는 "이 계절이 다 갈 때까지 숲에선 '쿵쿵쿵', 참나무의 신음을 소소하게 들릴 뿐이다."라는 말로 인간의 무한정한 욕심 때문에 자연 생태의 숲의 조화가 어떻게 깨어지고 있는지를 고발한다. 즉 인간 중심의 자연 지배적 세계관을 비판한다. 생명적 관점에서는 인간이나 자연 모두가 평등하다는 생명 중심적 평등biocentric equality, 즉 심층생태주의의 주제를 강하게 환기하는 것이다.

데리다의 문자학적 사유
― 〈낯선 거리에서〉 평설

한 상 렬
(문학평론가)

  우종율의 에세이《변방 읽기》는 인식 과정에서 수필의 문법상 사뭇 낯설다. 디지털 아티스트인 오진국은 '리얼리즘을 뒤집다'(《무한질주無限疾走》)에서 "풍경은 바라보이는 것도 내 비치는 것도 아니다. 눈앞의 대상, 즉 텅 빈 듯한 존재를 잡아내는 일은 리얼리즘을 거꾸로 뒤집는 일이다. 뒤집되 그냥 뒤집는 것이 아니라, 깊은 바다 속에 가라앉은 잠수함처럼 실제가 꿈꾸듯 잠기게 하는 일이다."라고 하였다. 그런 탓인가. 작가 우종률의 수필 읽기는 독자의 인내심을 요구한다. 그만큼 문자학적 사유의 세계가 깊어서일 것이다. 이는 프랑스의 철학자 데리다J.Derrida가 생각한 지혜의 본질과 접맥된다.

  프랑스의 철학자 데리다가 생각한 지혜의 본질은 들을 귀를 가진 영혼의 철학과 그 지혜보다는, 이 세계를 눈으로 보고 읽으려 한 철학과 지혜를 담고 있다. 그는 "문자는 아무것도 의미하지 않는다. 그것은 부조리하기 때문에 그런 것이 아니다. 부조리라는 개념도 형이상학적인 의미와 함께 언제나 체계를 이루었다. 단지 문자는 의미하고자 하는 것이 숨넘어가는 지경에까지 이르도록 충실하게 노력하고 애쓰고 시도해 보는 것이라고 말할 수 있다."라고 했다.

데리다가 말한 문자학적 사유에 의하면, 존재와 존재자가 서로 다르지만 그 둘이 완전히 다른 이질적인 대립으로 보지 않는다. 존재는 존재자에 귀속해 있고, 반대로 존재자도 존재에 상관적으로 귀속해 있는 상호 부름의 관계를 맺고 있다고 보고 있다. 여기서 문자란 우리가 지금 사용하는 통상적인 문자를 가리키는 것이 아니고, 인간의 사유가 지닌 문자학적인 사고방식의 선험성에 의거한 하나의 보편적이고 경험적 현상이라 하겠다. 이는 라캉Lacan의 말처럼 '입벌림'의 욕망과 다르지 않다. 그래서 문자학의 세계에서는 데리다가 《철학의 여백》에서 밝혔듯, "같음은 다름의 다름이고 다름은 자기와 다르면서 같음"이 된다.

우종율의 수필집 〈변방 읽기〉의 대표적 수필인 〈낯선 곳에서〉를 펼친다. 이 작품에는 작가 우종률의 작가적 품격品格이 나타난다. 모든 예술작품은 나름대로 갖는 격格이 있다. 이때의 격이란 통속적인 답습이 아니라, 독창성을 바탕으로 생성되는 것이다. 품격이란 경험에 의해 스킬폴skillful한 손재주나 말재주로 만들어지는 것이 아니라, 보다 순수한 발로에서 시작됨은 두말할 필요가 없다. 티 없이 맑은 마음이 격을 만든다. 실상 작가는 그런 격을 갖기 위해 수많은 노력을 기울인다. 하지만 이는 노력에 의한 결과라기보다는 영적인, 사물의 관조에서 행해지는 산물일 것이다.

바야흐로 혼자인 세상이다. '혼밥, 혼술, 혼족'이 그 선험의 앞자리에 있다. 작가는 지금 그 거리에 서 있다. "혼자일 때 느낀다. 그 동안 해보지 못한 일, 새장 속에 갇힌 사고를 풀고 싶을 때, 갑자기 두리번거리며 욕망이 목울대를 넘어올 때, 심한 요기를 느낄 때, 짜릿하다."고 했다. 이런 발상은 통상의 수필적 문법에서 자유롭다. 일상의 규칙을 벗어난 작가만의 세계, 그 안에 내밀한 그의 사유의 세계가 펼쳐진다. 이른바 문자학적 사유다.

"미리 가보지 않은 길에서 헤드라이트를 꺼보는 일, 일시에 사물들은 정지되고 자동차는 방향을 잃어 비틀거릴 때, 거대한 매머드가 확 덮치는 순간, 세상 끝나는 공포가 이러할까라는 생각에 처음으로 돌아오는 기분은 멀리 있는 게 아니라는 착각에 빠진다."

낯선 거리에서 조우한 이런 세상의 풍경은 화자로 하여금 착각을 동반하게 한다. 화자를 둘러싼 세계의 모습은 낯익지만, 어느 날 갑자기 낯선 풍경으로 다가온다. 이 낯선 풍경이 보여주는 세계의 진실은 무엇일까?

작가의 시선이 머무는, 그냥 스쳐버리기 쉬운 일상 속의 작은 정물 하나에도 그들만의 대화가 있고 숨결이 담겨 있기 마련이다. 다만 우리에게 그것을 읽어내는 노력이 부족하거나 등한시하는 습관이 있어 때로 말문이 닫혀 있을 뿐이다. 그래 이렇게 작은 소품 하나에도 화답하게 된다. 온 우주의 중심이 자신이라면 그러한 작은 일상도 내 주의를 맴도는 행성이 된다. 그들이 있음으로 우주는 존재하고 내가 살아 있음을 증명하는 유일한 수단이기도 하다.

모르는 이에게 말을 걸어 본다. 소통은 공통어, 손짓 눈짓으로 이어지지만 모국어를 모르는 이방인에게 분명 고운 시선은 아니리라. 비록 상대가 인정하지 않더라도 눈치볼 일 없는 것이다. 이럴 때 간혹 혼자가 외로울 수 있다. 긴 세월 동반자와 나눈 의무적인 행위는 구속, 하지만 그건 아름다운 구속이다.

이는 다분히 역설적이다. 아니 수필의 역행성이라 해도 좋을 일이다.

비즈니스 호텔 싱글베드에서 누워 깜빡 잠이 들었다가 화자는 아무도 없음을 깨닫는다. 혼자 여행을 떠나 낯선 곳이란 공간의 인식은 존재인식이란 철학적 물음과 맞닥뜨리게 된다. 낯섦은 때로 자각과 함께 인식의 혼란을 일으킨다. 그런 존재의 확인을 위해 화자는 새벽 세 시에 거리에 나갔다고 했다. 그때 그가 만난 "암울한 소식만 전하던 회색 도시가 짙은 안개속에 잠겨 있을 때, 분명 뭉크의 '절규'가 떠오를 수밖에 없을 때, 훅 느끼는 새벽의 한기는 표정 없는 한 무리의 구속만 일렁인다. 주억거리며 지나가는 물상에 초점을 맞춰 본다."는 세계의 풍경은 이제껏 그가 보아온 세계의 진실과의 만남이다.

　회화의 경우, 상식의 틀을 전혀 다른 해석으로 본다는 것은 그리 용이한 일이 아니다. 그럼에도 사물을 바라볼 때, 전혀 일상적이지 않은 시각으로 '포커스'를 맞추면 그 대상이 말을 걸어오고 전혀 예상하지 못한 자신만의 독특한 향기를 뿜어낸다. 변신에 변신을 거듭하는 다면성이다. 그러면 전혀 예기치 못한 결과를 낳기도 하고, 때로는 작가 스스로 무아지경에 몰입하기도 한다. 이런 상상력은 근원적이고 인간의 원초적인 본능일 것이다. 그래, 노드롭 프라이Northro Frye는 문학을 "인간 상상력의 집합"으로 정의하면서, 문학만이 오직 상상의 영역과 범위를 허락한다고 보지 않았던가. 우종율의 수필세계는 바로 이 지점에 놓여 있다. 독자를 낯설게 하면서도 이윽고 낯익은 상상을 불러일으키는 마력과도 같은 화자만의 문학적 상상일 것이다.

　이윽고 화자의 새벽 즐기기가 시작된다. 청소차가 지나가고, 성냥갑 자동차가 누워 있다. 코카콜라 광고판은 언제나 붉은 색이다. 그 속으로 닭 벼슬에 불을 단 택시 한 대가 미끄러져 들어간다. 어쩌다 행인 하나가 조조 출근을 재촉한다. 그 뿐이다. 거리엔 아무도 없다. 화자는 아라비아 숫자에 구부러진 허리를 세워보고 있다. "사람살이 어디나 같은데…"라는 인식은 '자기 확인'이자 '자존'의

과정일 것이다. "아무런 약속도 없는 이국에서의 새벽 맞이"라는 이 수필의 착상은 이렇게 행간의 숨은 그림을 찾아내듯 미로찾기로 이어간다. 다름 아닌 수필가 우종율의 문자학적 사유의 세계이다.

그런데 이런 영상 속에 "외국인 하나가 새벽 담배를 먹고 있다."는 이 낯섦은 화자로 하여금 독백이 익숙하게 한다. "가스 배달차가, 육류 운반차가, 자가용이, 관광버스가 움직이는 곳에 모두 일렬로 기다려주는 곳, 클랙슨이 없는 곳, 남의 도움 없이 혼자서 해결하려는 곳, 작은 곳, 친절한 곳, 그러므로 큰 곳, '스미마셍' 하나면 통하는 곳. 관념 속에서 아픈 기억으로만 도사려 있던 곳." 이런 공간 이미지 속에 미로를 찾는 화자의 모습이 한 편의 시화詩化를 통해 의미화로 결집되고 있다. 이 새로운 문법의 착안이 '자기 확인'을 위한 메시지를 제공하고 있다. 낯선 곳에서 일부로 길을 잃고 싶은 그는 과연 누구였던가.

수필은 이렇게 거저 창작되는 게 아니다. 하이데거는 "언어는 존재의 집"이라 하였고, 바트겐슈타인은 "언어는 세계의 그림이다."라 하였다. 우종율의 '낯선 거리에서' 느낀 문학적 상상은 바로 문자학적 상상을 근간으로 직조된 데리다의 문자학적 사유를 닮아 있다. 새로운 세계를 향한 화자의 수필적 지향에 기대를 걸어도 좋겠다.